Unmissable
Kizil Cave-Temple Complex

U0889040

不可错过的克孜尔

苗利辉 著

江苏凤凰美术出版社

图书在版编目（CIP）数据

不可错过的克孜尔 / 苗利辉著. -- 南京 : 江苏凤凰美术出版社, 2023.4

ISBN 978-7-5741-0877-6

Ⅰ. ①不… Ⅱ. ①苗… Ⅲ. ①克孜尔石窟-介绍 Ⅳ. ①K879.25

中国国家版本馆CIP数据核字（2023）第066830号

选题策划　毛晓剑
项目统筹　郭　渊
责任编辑　陆鸿雁
项目协力　刘秋文
特邀审读　叶爱国
责任校对　吕猛进
责任监印　生　媛

书　　名　不可错过的克孜尔
著　　者　苗利辉
出版发行　江苏凤凰美术出版社（南京市湖南路1号　邮编：210009）
制　　版　南京新华丰制版有限公司
印　　刷　南京爱德印刷有限公司
开　　本　787mm × 1092mm　1/32
印　　张　8.375
版　　次　2023年4月第1版　2023年4月第1次印刷
标准书号　ISBN 978-7-5741-0877-6
定　　价　98.00元

营销部电话　025-68155675　营销部地址　南京市湖南路1号
江苏凤凰美术出版社图书凡印装错误可向承印厂调换

目录

脉动的丝路

丝绸之路是古代连接东、西方的重要交通路网的总称，它东起汉唐帝国的首都长安、洛阳，向西到达西亚、北非和欧洲，横跨欧亚大陆，分支线路遍布欧亚各大文明的分布区域。这条路上交易的货物以丝绸影响最大，故得此名。丝绸之路按地理环境特征分为三段，即东段、中段、西段。东段：从长安出发，沿河西走廊至玉门关、阳关；中段：东起玉门关、阳关至帕米尔高原；西段：从帕米尔高原往西经过中亚、西亚直到欧洲。

20 世纪 50 年代，苏联考古学家在哈萨克斯坦乌拉干河流域巴泽雷克 5 号墓中发现了公元前 8 世纪—前 5 世纪绣有凤凰的中国丝绸；近年来，德国考古学家也在德国南部斯图加特的霍克杜夫村的一座公元前 5 世纪的古墓中发现了中国丝绸的残片。这些考古发现说明，早在春秋战国之际，中国的丝绸就已经传到了欧洲。

这条路上不仅交易华夏帝国的铁器、丝绸、瓷器和其他豪华制品，其他文明的珍禽异兽、珠宝香料、玻璃器皿、金银货币等也都通过这条道路得以交流，从而丰富了世界各地人民的生活。

随着物品的交流，东、西方之间，人种和民族的迁徙、征战和融合，政治、经济、文化和宗教交流也广泛开展，并且都达到了空前的规模。世界的主要人种、民族、宗教和文化在这里碰撞、对抗、交流互鉴和融合，丝绸之路就像一条大动脉，为人类及人类文明的存在、更新和发展不停地输送着血液和养分，造就了人类文明今日的辉煌。

古代龟兹是其中的重要节点，得益于来自丝路的丰富养分，发展起了极具特点的本土文明。在这个过程中，它一方面将来自丝路西段的文化向东传播，另一方面也将东方的文化向西输送，推动了东、西方文化的交流互鉴和发展。这种特点在佛教文明的传播中尤为突出。

古代龟兹位于丝绸之路中段，地处新疆塔里木盆地北缘，其北托天山，南邻塔克拉玛干大沙漠[①]。它的核心地区在今天阿克苏境内的库车市域内；最强盛时，西与疏勒接壤，东与焉耆相邻，包括今阿克苏地区的阿克苏市、库车市、拜城县、新和县、沙雅县和巴音郭楞蒙古族自治州的轮台县等市县[②]。

龟兹地区开始有文献记载的历史始于汉代。龟兹经济以农牧业为主，由于采用先进的农耕技术，农业发展很快，主要作物有麦、稻、粟、黍等[③]，此外还种植葡萄等园艺作物[④]。畜牧业也很发达，龟兹以产良马闻名[⑤]。毛纺和丝织

---

① 谭其骧等，《中国历史地图集》（第三册），中国地图出版社，1982年，图20、图21。

② 【晋】陈寿撰，【宋】裴松之注，《三国志》卷三十，中华书局，2011年，第860页；【北齐】魏收撰，《魏书》卷一〇二，中华书局，2011年，第2266—2267页；荣新江，“龟兹”词条，中国大百科全书出版社编，《中国大百科全书·中国历史》，中国大百科全书出版社，1995年，第540页。

③ 【北齐】魏收撰，《魏书》卷一〇二，中华书局，2011年，第2265—2266页；【唐】魏徵等撰，《隋书》卷八三，中华书局，2011年，第1852页；【北宋】欧阳修、宋祁撰，《新唐书》卷二二一，中华书局，2011年，第6230页；【唐】玄奘、辩机撰，季羡林等校注，《大唐西域记校注》卷一，中华书局，2000年，第54页。

④ 【后晋】刘昫等撰，《旧唐书》卷一九八，中华书局，2011年，第5303页；【北宋】欧阳修、宋祁撰，《新唐书》卷二二一，第6230页；玄奘、辩机撰，季羡林等校注，《大唐西域记校注》卷一，第54页。

⑤ 【北齐】魏收撰，《魏书》卷一〇二，第2266页；【唐】魏徵等撰，《隋书》卷八三，第1852页；【后晋】刘昫等撰，《旧唐书》卷一九八，第5303页。

业先进，丘慈锦是其著名产品[①]。龟兹的冶炼业比较发达，其地区北边的山中储藏有铜、铁和煤等矿产，制造的铁器“恒充三十六国之用”[②]。属于古代龟兹的库车、拜城等地发现了大量的冶铜炼铁遗址就是上述情况的反映[③]。龟兹位于汉唐丝路的节点上，商业很发达，龟兹五铢是当地的重要货币，汉五铢钱也可使用[④]。魏晋南北朝时期，龟兹白氏家族长期执掌政权，虽然经历了焉耆龙氏的短期侵入以及吕光和万度归的西征，但政治和社会总体情况是稳定的[⑤]。

产生于印度的佛教约在公元前 3 世纪时开始向外传播。公元 1 世纪，由于贵霜王朝迦腻色迦的大力推动，佛教开始

---

① 唐长孺《吐鲁番出土文书》［壹］，文物出版社，1992 年，第 88—89 页。

② 【北魏】郦道元著，陈桥驿校证，《水经注》卷二，中华书局，2013 年，第 37 页。

③ 新疆维吾尔自治区文物局编，《新疆维吾尔自治区第三次全国文物普查成果集成·阿克苏地区卷》，科学出版社，2011 年，第 60—71 页；李肖，《古代龟兹地区矿冶遗址的考察与研究》，《新疆文物》，2003 年第 3、4 期，第 16—26 页。

④ 张平，《龟兹地方铸币的发现与研究》，载《龟兹文明——龟兹史地考古研究》，中国人民大学出版社，2010 年，第 157—166 页；颜松，《库车县出土唐代窖藏钱币》，《中国钱币》，2016 年第 6 期，第 62—64 页；颜松，《库车出土窖藏古代钱币研究》，《新疆钱币》，2012 年第 4 期，第 1—7 页。

⑤ 【唐】房玄龄等撰，《晋书》卷九七，第 2542 页；【北齐】魏收撰，《魏书》卷一〇二，第 2267 页；【北魏】崔鸿著，汤球辑，《十六国春秋纂录抄本附校勘记》，商务印书馆，1936 年，第 64 页。

传入中国新疆。约在公元2世纪时，佛教传入龟兹[①]。由于龟兹经济的繁荣和龟兹王族的大力倡导，公元3、4世纪之际，佛教逐渐进入其发展的繁盛期。一方面，僧侣众多，大师云集，律法严谨[②]，建寺造像风行[③]；另一方面，葱岭东西贵族妇女都来到这里修行听法，龟兹成为西域佛教中心之一。与此同时，许多龟兹佛教徒前往中原，传播佛法，参与译经[④]。

这时期的龟兹佛教以小乘佛教为主，同时大乘佛教也有一定的影响[⑤]。

公元7世纪中叶，龟兹历史发展进入一个新的阶段。

公元658年，唐朝将在西州（今吐鲁番）设立的“安西都护府”转移到龟兹，随后升格为“安西大都护府”[⑥]。安西地区军政事务，由大都护府掌管。

---

① 荣新江，《陆路还是海路——佛教传入汉代中国的途径与流行区域研究述评》，《北大史学》第9辑，2003年，第335页；【荷】许理和著，吴虚领译，《汉代佛教与西域》，《国际汉学》第2辑，大象出版社，1998年，第308页。

② 《出三藏记集》卷十四《鸠摩罗什传》：“时龟兹僧众一万余人。”《大正藏》，大正新修大藏经刊行会，1936年，第55册，第100页。

③ 《出三藏记集》卷十一《比丘尼戒本所出本末序》：“拘夷国寺甚多，修饰至丽，王宫雕镂立佛形象与寺无异。”《大正藏》，第55册，第79页。

④ 《出三藏记集》卷七《首楞严经后记第十一》：“咸安三年岁在癸酉，凉州刺史张天锡在州出此《首楞严经》。……时译者龟兹王世子帛延善晋胡音，延博解群籍，内外兼综，受者常侍。”《大正藏》，第55册，第49页。

⑤ 《大唐西域记》卷一。

⑥ 【北宋】司马光等撰，《资治通鉴》卷二百，中华书局，2013年，第6309页；薛宗正：《安西与北庭》，黑龙江教育出版社，1995年，第78—88页。

唐朝还委任官员，专门管理安西的佛教事务[①]，推动了汉传佛教在龟兹的发展，龟兹佛教进入了一个新的发展期。此时开始出现本地佛教与汉地佛教共同发展的局面，“此龟兹国足寺足僧，行小乘法，食肉及葱韭等也。汉僧行大乘法”[②]。

公元8世纪末至公元9世纪初，漠北回鹘国的势力已扩展至龟兹[③]。公元840年以后，由于前一年天灾的影响，加上宿敌黠戛斯的攻击，雄踞漠北的回鹘汗国灭亡，部众四散，其中一支进入龟兹地区[④]。他们后来成为高昌回鹘的一部分[⑤]。这一时期的龟兹社会稳定，经济得以恢复和发展；受当地佛教传统的影响，入主这里的回鹘人逐渐改信佛教[⑥]，

---

① 荣新江，《唐代西域的汉化佛寺系统》，新疆龟兹学会编，《龟兹文化研究》，香港天马出版有限公司，2005年，第130—137页；该文另收于荣新江，《丝绸之路与东西文化交流》，北京大学出版社，2015年，第153—160页。

② 《往五天竺国传》，《大正藏》，第51册，第2089页。

③ 吐鲁番出土的公元9世纪初中古波斯语摩尼教赞美诗残页记录了这一时期回鹘的控制范围，其中就包括龟兹。见王媛媛《中古波斯文〈摩尼教赞美诗集〉跋文译注》，《西域文史》第2辑，科学出版社，2007年，第140—142页。

④ 【北宋】司马光等撰，《资治通鉴》卷二四六，第8173页。

⑤ 【元】脱脱等撰，《宋史》卷四九〇，中华书局，2013年，第14123页。

⑥ 关于龟兹地区回鹘人改信佛教的时间，史无明载。但据学者研究，高昌回鹘王国的回鹘人在公元10世纪初就已经开始信仰佛教〔张广达、荣新江，《有关回鹘西州的一篇敦煌汉文文献》，《北京大学学报（哲学社会科学版）》，1989年第2期，第24—36页〕，则在其统治疆域内的龟兹地区的回鹘人改信佛教大致也应该在这个时候。

龟兹佛教继续发展。

11世纪以后，随着黑汗王朝（操突厥语的民族在今新疆、中亚建立的封建王朝）的扩张，伊斯兰教传入龟兹地区并有所发展，但佛教依然存在一定的影响[①]。大概在14世纪中叶，由于东察合台汗国的强制推行，伊斯兰教在龟兹地区成为主流宗教，佛教就逐渐消亡了[②]。

在龟兹存在了近1000多年的佛教，创造了灿烂辉煌的龟兹佛教文化，深深地影响了龟兹古代文明的形态和特点。龟兹佛教是龟兹历史的重要组成部分。出于种种原因，关于古代龟兹佛教的文献记载不多，保存在龟兹境内的大量佛教遗迹就成为我们了解龟兹佛教文明最主要的源泉。在这些佛教遗迹中，最重要的是石窟。

古代龟兹的核心阿克苏地区现存佛教遗迹40余处，其

---

① 【元】李志常，《长春真人西游记》卷上，王云五主编，《丛书集成初编》，商务印书馆，1937年，第11页；【元】刘郁，《西使记》，王云五主编，《丛书集成初编·西使记及其他三种》，商务印书馆，1937年，第1页；刘迎胜，《唐宋之际龟兹地区的文化转型问题》，《西北民族研究》，2001年第2期，第7—15页；陈高华，《元代新疆史事杂考》，《新疆历史论文续集》，新疆人民出版社，1982年，第291—294页。

② 佚名著，《额什丁和卓传》，新疆社会科学院宗教研究所编，《新疆宗教研究资料》，第32页；李进新，《伊斯兰传入库车辨析》，《世界宗教研究》，2003年第1期，第87—91页。

图 1　古龟兹地区石窟分布图

中绝大部分是石窟和地面寺院[①]。石窟和地面寺院的功能相同，都属于佛寺，是佛教僧侣、信众礼拜、忏悔和修行的场所，只是因为所处环境和建筑材质的不同，所以在建筑形制和布局上有所差异。

这些保存下来的石窟总称为龟兹石窟。它们一般成群分

① 新疆维吾尔自治区文物局编，《新疆佛教遗址》（上、下），科学出版社，2016 年。

布，规模有大有小，共有27处，保存洞窟总计800多个。保存状况较好的有克孜尔石窟、库木吐喇石窟、森木塞姆石窟、克孜尔尕哈石窟、玛扎伯哈石窟、托乎拉克艾肯石窟、台台尔石窟、温巴什石窟以及阿艾石窟。其中规模最大、最具代表性的是克孜尔石窟（图1）。

多元灿烂的佛教艺术瑰宝

龟兹石窟艺术中的艺术风格是多元的，主要有龟兹风、汉风、回鹘风三种类型。此外，也可见犍陀罗艺术和秣菟罗艺术的影响。

龟兹风艺术是最具龟兹本土特色的艺术风格类型。

画面构图上，与龟兹式中心柱窟的券顶结构相适应，龟兹艺术家创造了一种独特的菱格构图形式。这种菱格构图形式一般位于主室、后室的券顶部位，是山峦的简化形式，与正壁的影塑须弥山相呼应，营造了一种佛国圣山的景象。这种菱格构图形式产生了两方面的艺术效果。一方面，不同的佛教故事分别被安排在独立的菱格中，画师选取了故事中最具代表性的一到两个情景对其进行表现，一个菱格内绘一个佛教故事，从而在券顶有限的空间里绘制了大量的佛教故

图 2　克孜尔石窟第 171 窟主室券顶因缘故事

事；另一方面，菱格构图与券顶相结合，造成了画面的延伸感，强化了空间的高敞效果（图 2）。

色彩运用上，以蓝色、绿色、白色和土红色作为主要的色彩，对比强烈，格调宁静庄严。尤其在主室为纵券顶的中心柱窟的券顶菱格中，如第 38 窟，蓝色、绿色、白色这三种颜色纵向相间排列，整齐而又有变化，极富韵律感（图 3）。

线条运用上，注重线条表现的作用，使其成为主要的造型手段。线条粗细均匀，刚劲有力，富有弹性，颇有曲铁盘丝的效果。衣纹塑造一般用两根线、三根线为一组的形式，

图 3　克孜尔石窟第 38 窟主室券顶（局部）

随着身体结构的起伏附着在形体上，是“曹衣出水”画法的最好诠释（图 4）。

晕染法的运用也是龟兹风佛教艺术的一个重要特点，画师在作画时，用同一色彩的不同明度，由浅入深或由深渐浅，层层重叠，层次分明地对物象加以晕染，用色阶的浓淡形成明暗，以使所染物象具有立体感（图 5）。

人物造型上，以龟兹人为原型，同时将龟兹地区的审美观念和生活习俗融入其中。人体比例修长，“S”形站姿，头部呈卵圆形，五官集中，眼睛与眉毛间的距离大，鼻翼较小，鼻子结构线与眉毛线的交点低于或平行于上眼睑。多以

图 4　克孜尔石窟第 38 窟主室南壁上方半圆端壁天人

图 克孜尔石窟第 27 窟主室南壁闻法天人

图 6　克孜尔石窟第 80 窟主室北壁乾闼婆及其眷属

图 7　阿艾石窟主室北壁“观无量寿经变”

四分之三侧面表现人物的形态，手指由掌部到指尖造型逐节变细，指尖上翘，显得非常稚气（图 6）。

汉风艺术则是盛唐艺术风格在龟兹地区传播的结果，主要保存在库木吐喇石窟群区第 11、第 14、第 15、第 16、第 17 窟以及阿艾石窟中。构图为长方形或中堂式构图，和同期中原地区相同（图 7）。

人物造型为中原汉人的特征，五官分散，眼睛细长，眼角上扬，嘴唇丰盈，下巴丰满。手部写实，手掌宽大，手指丰满，肉感十足。人物塑造比例适度，面相丰腴，庄严沉静。人物衣纹线条多为兰叶描，用笔洒脱，气韵贯通（图 8）。

佛衣衣着样式上出现了中原地区流行的典型袈裟样式：敷搭双肩下垂式袈裟、钩纽式袈裟和半披式融入敷搭双肩下垂式袈裟（图 9）。壁画色彩比较淡雅，多用平涂。总体色调以石绿为主，显得素淡平和。纹饰图案以云纹、茶花、莲花和卷草图案等为主（图 10）。

回鹘风艺术是公元 10 世纪以后，回鹘人改信佛教，展现本民族审美观念，融合汉风和龟兹风而形成的艺术风格。

构图上多沿用龟兹原有形式，但有所变化，如长方形构图的本生因缘故事，早在克孜尔石窟的中晚期就已经出现，这时则成为回鹘风中心柱券顶的一种流行构图样式，此种样式可见于库木吐喇石窟群区第 10 窟和第 45 窟（图 11）。同时，龟兹式的菱格构图也仍然使用，如库木吐喇石窟窟群区第 45 窟主室北壁上方半圆壁画上的弥勒下生经变构图简洁、人物不多，与龟兹风壁画中的弥勒上生经变构图相同（图 12）。人物造型特点具有典型的回鹘人特点：脸形方圆，额头偏窄，下颌宽大，颧骨凸出。五官较集中，鼻梁挺直，樱桃小口，眉毛呈柳叶形，眼睛细长，等等。这一时期壁画人物的服饰依然保留着许多龟兹本地特点，如森木塞姆石窟第 44 窟主室东甬道西壁所绘涅槃变，举哀人物着装龟兹化（图 13）。

图 8　库木吐喇石窟群区第 11 窟主室南壁菩萨（流失海外）

图 9　阿艾石窟西壁卢舍那佛

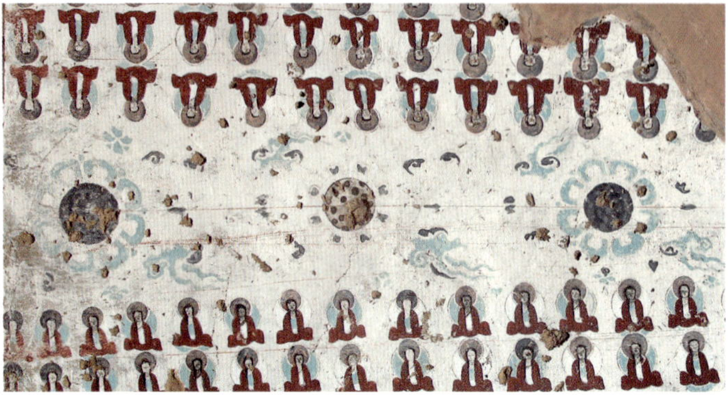

图 10　库木吐喇石窟群区第 11 窟主室券顶汉风纹饰

图 11　库木吐喇石窟群区第 10 窟券顶因缘故事

图 12　库木吐喇石窟群区第 45 窟主室北壁“弥勒下生”经变

图 13　森木塞姆石窟第 44 窟东甬道西壁“涅槃图”（局部）

图 14　库木吐喇石窟窟群区第 45 窟主室券顶千佛

图 15　库木吐喇石窟群区第 45 窟主室券顶中脊团花图案

回鹘壁画的表现形式以线条为主，大量使用铁线描，遒劲有力；同时，吸收了中原式的兰叶描，增添了线条的变化。颜色以平涂为主，有时也使用晕染法，但已退居次要地位。壁画中大量使用赭红、朱砂、茜和黄等色彩，并以石绿色相衬。色彩素雅大方，明亮而不刺激，浅的石绿色和白粉底色，更使得整个画面显得明媚柔和（图 14）。

纹饰图案主要有团花、宝相花、折线式光焰纹、云纹、水波纹等，葡萄纹为本地特有纹样（图 15）。

图 16　克孜尔石窟外景

璀璨明珠——克孜尔石窟

克孜尔石窟位于拜城县克孜尔乡东南七公里的木扎提河北岸却勒塔格山对面的断崖上。“克孜尔”是维吾尔语“红色”的意思。大概是因为却勒塔格山山色赭红，在朝晖夕阳的映衬下犹如胭脂，与河水相映成趣而得名。石窟总体走向呈东西向，绵延约 3 公里。洞窟分为 4 个区域：谷西、谷内、谷东和后山。现编号洞窟总数 349 个（图 16）。

克孜尔石窟大约建于公元 3 世纪，止于公元 8—9 世纪，是我国开凿最早的大型石窟群。克孜尔石窟残存雕塑已是凤

毛麟角，新 1 窟内的泥塑彩绘涅槃佛像是目前新疆境内唯一的一躯，而数量最多、保存较好的壁画则成为克孜尔石窟最珍贵的遗存（图 17）。壁画题材主要是与释迦牟尼有关的种种事迹，包括本生故事、因缘故事和佛传故事以及弥勒兜率天宫说法，从整体上反映出小乘佛教“唯礼释迦”的思想。本生故事和因缘故事多达 100 多种，佛传故事也有 60 多种。此外，天相图、天宫伎乐、飞天和供养人等都是克孜尔石窟壁画中有特色的艺术品（图 18）。

克孜尔石窟的壁画历经不同时期的重修重绘，在某些窟室的墙壁上明显保留着二次或三次绘画的痕迹。壁画遗存内容大致分 4 个时期，即初创期、发展期、繁荣期、衰落期。

图 17　克孜尔石窟新 1 窟后室涅槃佛像

图 18　克孜尔石窟第 38 窟主室券顶中脊“天相图”

图19 克孜尔石窟第77窟后[illegible]“天宫伎乐图”（局部）

图 20　克孜尔石窟第 118 窟主室券顶

初创期（3 世纪末—4 世纪中）。大像窟和方形窟是主要的建筑类型。典型的洞窟包括第 47、第 48、第 77、第 92、第 117、第 118 窟。这个时期壁画中的人物形象具有明显的外来风格，尤其是犍陀罗艺术的影响。人物头部略长，五官舒展，卷发披于肩上，耳朵较长，嘴上留小髭，形体短壮，

尤其是腿较短。此外，还有手足肌肉敦实等特征（图 19）。佛像流行穿通肩袈裟。此时期的绘画用色偏暖，多用淡黄、红、赭石和灰色，每种颜色有多层次的浓淡变化。人体外轮廓用粗细变化的线，而多为同一色的深浅运用，如浅色衣服上用深赭色勾线，色调十分和谐。人体肌肉部分运用不夸张的晕染，有的近似平涂。这种绘画方法有人称之为“调和色法”（图20）。在题材内容方面，既有与禅修有关的题材，也出现了涅槃和简单的天宫伎乐等题材。初创期已经出现了供养人的形象，大多绘在窟壁的最下部，人物比例小，且多为跪式，反映出供养人在壁画中尚处低微的地位。

发展期（4 世纪中—5 世纪末）。开凿的洞窟还不多，主要洞窟有第 13、第 32、第 38、第 76、第 83、第 84、第 114、第 171、第 172 等窟。方形窟、大像窟虽仍在开凿，但中心柱窟已经开始开凿。这一时期还出现了以中心柱窟为中心的洞窟组合，即包括僧房、讲经堂、礼佛堂的寺院形态已经形成。此时期的绘画风格已向本地区民族化的方向发展，并成为主流。在人物造型上，头部较圆，额骨宽扁，五官集中，具有龟兹人的头型特征。人物身材比例匀称，双腿修长。晕染法的强调与细腻是这个时期绘画技法的特点；对比色的增强，是此时期绘画技法的又一特点。石青、红色使用增多，色调产生了对比效果。菱形格构图的规范化也是此时期形成的。发展期的题材内容比初创期要丰富得多，本生故事、因缘故事兴起，是壁画的主要表现题材。天相图是这个时期中心柱窟主室顶部中脊部位的流行题材。它是从初创期方形窟券顶天相图发展而来的，并逐渐形成规范的形式。发展期另

图 21　克孜尔石窟第 100 窟主室右券腹伎乐特写

一较显著的特点是涅槃内容的扩展。“弥勒菩萨说法图”大多绘在主室前壁入口上方半圆端面上。原来与弥勒组合在一起的天宫伎乐就被绘在了主室两壁的上端，形成了独立的天宫伎乐形式（图 21）。供养人在这个时期地位有所提高，一般绘在中心柱窟前室两侧的下部。供养人已从初创期的跪式发展成立式，形象也大了一些。发展期壁画中还有别具一格的绘画风格，如第 83 窟壁画具有印度秣菟罗佛教艺术的特点（图 22）。

繁盛期（6—7 世纪）。开凿的洞窟包括第 4、第 8、第 34、第 69、第 80、第 81、第 99、第 100、第 110、第 123、

图 22　克孜尔石窟第 83 窟主室西壁“优陀羡王缘”（流失海外）

图 23　克孜尔石窟第 175 窟西甬道东壁供养比丘

第 161、第 184、第 186、第 199、第 205、第 207、第 212、第 224 等窟。壁画的绘画风格继承和发展了发展期形成的龟兹本地民族传统，人物形态已显现典型的龟兹化：面部更为丰圆，鼻梁笔直与嘴唇靠近；人体造型曲线即“三屈法式”增强，这可能受印度笈多佛教美术的影响（图 23）。人物服饰更加华丽，衣物有丝织感、轻柔感和透明感。在一些题材里，武士和龙王都穿着龟兹式的武服（图 24）。在描绘

图 24　克孜尔石窟第 193 窟主室南壁龙王

商人形象时，也大都采用龟兹世俗商人装束。在用色方面，继续采用对比色的表现手法，同时早期的调和色依然流行，但在人体躯干轮廓上更加强调晕染。由于颜色年久蜕变，使得一些人物有板块解剖的感觉，产生了新的艺术效果。使用金粉或贴敷金箔也是这个时期的普遍现象。布局紧凑密集、对称和图案化是这一时期壁画的发展趋势。题材内容的扩大，使壁画的布局更为紧凑。连环画式和长卷式的故事画，在这一时期也比较流行，大多是在方形窟内。克孜尔繁盛期的绘画风格，除了以上典型的龟兹风格占据主流外，也存在其他风格，如第 207、第 212 窟的犍陀罗艺术风格的壁

图 5 克孜尔石窟第 207 窟主室西壁"初转法轮"（局部）

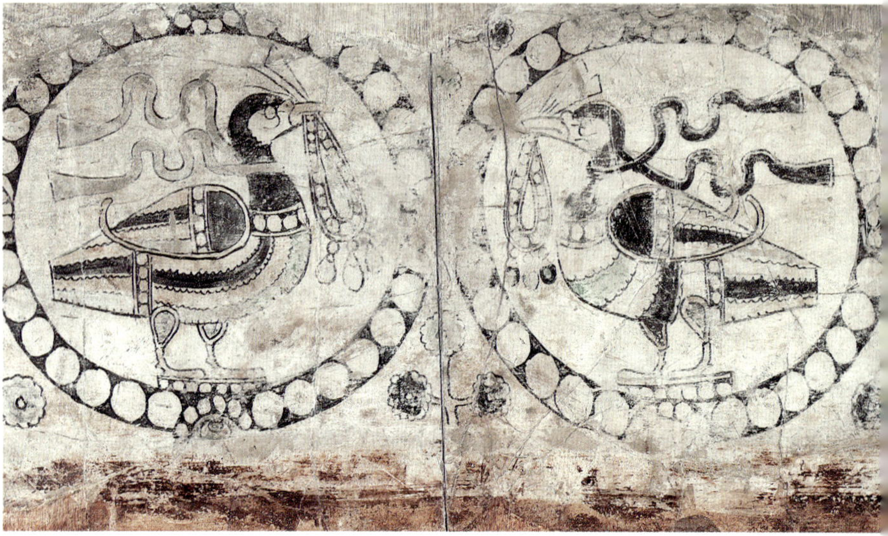

图 26　克孜尔石窟第 60 窟东壁前低台上联珠纹样

画（图 25）。在这一时期里，克孜尔千佛洞壁画还出现了波斯萨珊王朝流行的联珠纹饰（图 26）。克孜尔千佛洞繁盛期壁画题材内容较发展期更加丰富多彩，出现了许多新的面貌。佛传故事在这个时期也有所发展，有些题材被放到突出的位置。同时期，一部分中心柱窟主室顶部中脊的天相图被须摩提女请佛的因缘故事所代替（图 27）。涅槃图在这个时期内容更趋丰富。

衰落期（8—9 世纪中）。这个时期有壁画的洞窟是第 129、第 197、第 135、第 227、第 180、第 229 等窟。壁画的主要特征是千佛、化佛题材大量涌现，其他题材减少或消失。洞窟规

图 27　克孜尔石窟第 198 窟主室券顶中脊“须摩提女请佛缘”

模日趋小型，绘画技法简略粗糙，用色单调少变（图 28）。

克孜尔石窟作为西域地区现存最早、规模最大、持续时间最长、洞窟类型最齐备、影响最广泛的佛教石窟寺遗存，既是龟兹石窟的代表，也是佛教石窟寺从印度北传中国后，地域位置最西的一处石窟群，受到了印度、中亚乃至中原北方佛教艺术的多重影响，既可称作西域地区佛教石窟寺的典范，又是印度与中原北方石窟的媒介。它以独特的洞窟形制和壁画风格，明显揭示出佛教经西域地区由西向东的传播轨迹，以及在传播过程中形成的本土化过程，成为丝绸之路上最重要的佛教遗迹之一。

图 28　克孜尔石窟第 197 窟主室券顶

精品窟及特色介绍

第8窟

该窟为中心柱窟，开凿年代为公元7世纪左右，为克孜尔石窟繁盛期洞窟。洞窟由前室、主室、甬道（后室）构成（图29）。

中心柱窟　它的得名是因为在洞窟的主室和后室之间有一个方形柱体。这个柱体有两个功用：从功能上说，它代表佛塔，是佛法的象征；从结构上说，它起着支撑窟顶的作用。它是佛教理念和自然物理的巧妙结合，是龟兹工匠独具匠心的创造。

中心柱窟的形制源自印度的塔庙窟，或称为“支提窟”（“支提”“窣堵波”都可用来称呼佛塔，有舍利的为窣堵

图 29　克孜尔石窟第 8 窟主室内景

波，无舍利的为支提）。印度最早的塔庙窟诞生于大约公元前 2 世纪，塔庙窟礼拜的核心为一座佛塔。在马蹄形的塔庙窟中，洞窟后端放置覆钵形佛塔。信徒礼拜时需穿过长长的甬道，从右按顺时针方向绕塔巡礼。中心柱窟是龟兹人在印度塔庙窟的基础上，根据本地山岩的特性加以改造和创新而形成的一种独特的“龟兹式”洞窟形制。一般是在洞窟的中央造出连接顶部与地面的方形柱体，又称塔柱。柱体的前方形成主室，柱体两侧及后方凿成可以通行的甬道（本窟高大的北甬道也称后室）（图 30）。

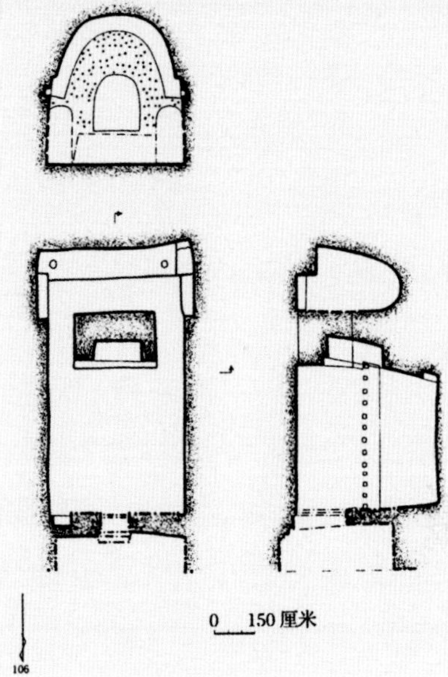

图 30 克孜尔石窟第 8 窟平剖立面图

龟兹地区的中心柱窟与印度的支提窟有渊源关系，但龟兹中心柱窟有自己的佛教哲理、派属系统和艺术特色。中心柱窟是龟兹佛教艺术的主要展示场所，塑像和壁画大多集中在这里。内容主要表现佛祖释迦牟尼前世、今生的事迹，是佛教中国化的产物。

石窟中塑绘与释迦牟尼有关的佛教故事，包括本生故事、因缘故事和佛传故事。

本窟中心方柱的正面布置有许多小孔，孔里原插有木桩，以此为支撑，影塑出佛教中的圣山须弥山。北壁正中原有一佛龛，内中有一佛像。影塑结合表现的是“梵天劝请”佛传故事。

释迦成道后，觉得佛法实在是太深奥了，世间大众又充满了愚昧、贪欲，难以教化。于是，他打算不向世间传法，提前涅槃。梵天得知后，顿感惶恐，想：“如果世尊提前涅槃，我们就会失去一位伟大的导师，就像大海中的舟船失去了航标灯一样！众生会继续在这无边的苦海中沉沦。”于是，梵天急忙下降人间，跪在佛前，苦苦哀求佛祖不要入灭。梵天说：“世尊过去为了求法做出了无数的努力，甚至把妻子儿女都施舍给他人，为了听闻一句偈而牺牲生命。世尊您做出了这么巨大的牺牲，现在已经修成正果了，怎么能离开我们而入灭呢？”在梵天的请求下，佛陀终于默许，决定教化世人。这才有了后来的鹿野苑初转法轮的故事。

东、西壁各绘一栏三铺大型说法图，它属于佛传故事，是克孜尔石窟壁画里十分突出的题材，表现释迦牟尼成佛后，在各地教化众生，广说苦、集、灭、道“四圣谛”的业绩。其构图是：佛居中心，形体高大，坐于金刚座上。两侧分层布置天人、四众（比丘、比丘尼、优婆塞和优婆夷）和伎乐，下层是被度化的人物和情节。伎乐多绘在第一层或第二层，紧靠佛身，且以演奏乐器者为多。其中可识别的有东壁中间一铺“频婆娑罗王皈依”。

释迦在成道前，曾答应摩揭陀国的频婆娑罗王“若得道时，先来度我”。成道后，释迦最先在波罗奈城的鹿野苑度化了五位比丘，此为“鹿野苑初转法轮”故事；后来，佛又数次显现神通力，使摩揭陀国的事火外道迦叶皈依了佛祖，此为“降伏火龙”故事。迦叶兄弟各领五百弟子前来归佛，壮大了僧团的力量。

此时，释迦决定履行诺言，前往舍卫城再次拜访频婆娑罗王。听闻佛陀到来，频婆娑罗王急忙带着臣民前往觐见。国王看到迦叶兄弟也成了佛弟子，十分惊叹，要知道迦叶可是当时公认的阿罗汉啊。佛洞察了国王内心的疑惑，为了增加他的信心，就对迦叶说：“迦叶，你来展现神通吧！”迦叶立即腾云驾雾飞至空中，上天入地，分身变化，出水出火，无所不能。他在空中大声说道：“世尊是天人之师，我现在已经抛弃了事火之法，皈依他了！”说完就从天上下来，跪倒在佛脚边，虔诚礼佛。

频婆娑罗王目睹如此神迹，顿时欢喜赞叹，所有疑虑烟消云散，皈依了佛教。他还为僧团施舍了一座美丽的精舍，鸟语花香、静谧安详，取名为“竹园精舍”。频婆娑罗王是释迦成道后最先度化的一位国王，竹园精舍则是佛教史上的

图 31　克孜尔石窟主室东壁“频婆娑罗王皈依”

第一座僧伽蓝。

壁画画面以坐佛为中心，佛面向一位有头光的人物。佛左上角绘一老年比丘，有三面，身着百衲衣。佛座前绘一俯首跪地的比丘，也穿百衲衣。这是采用了“异时同图法”（图 31）。

南壁门道上方半圆端面绘佛传故事，其中绘有造型优美的飞天。

飞天

“飞天”一词是汉语的创造。所谓飞天，顾名思义就是在空中飞翔的天人。他们弹奏音乐，抛撒鲜花，供养、赞叹佛祖。“天”是六道轮回中最高的一道，天人形体美丽，具有神通，但仍有欲望，仍未解脱，在佛教艺术中天神常是佛、菩萨的供养者。克孜尔石窟壁画中的飞天一般出现于两类题材中：一为“梵天劝请”，常绘于中心柱窟主室正壁，在佛龛上方相对飞行，散花奏乐；二为涅槃题材，常绘于后室（甬道）券顶，与下方安置泥塑卧佛的床台一起构成飞天供养涅槃之佛的场景。在克孜尔石窟第 8 窟主室南壁上方半圆壁面上，飞天成群结队，持璎珞、弹箜篌、吹长笛、散鲜花，几乎挤满了整个空间，热闹非凡（图 32）。在克孜尔石窟中，飞天的身形略显沉重，但长长的飘带却增加了飞天的动势和飘逸之感。西域的飞天传至敦煌后，在莫高窟早期洞窟中出现了许多晕染浓重、呈“U”字形飞行的西域式飞天。后来渐渐汉化，包括勾线敷彩、人物造型的方式等，同时还出现

图 32　克孜尔石窟第 8 窟主室南壁伎乐飞天

了头束髻、着汉服的飞天形象以及偏于女性化柔美的飞天。敦煌飞天绘于窟顶藻井四角、说法图、佛背光、佛国净土世界等处，成了一种必不可少的“装饰”。敦煌飞天较夸张的身姿、舞动的帛带，将飞天的灵动飘逸之感发挥到了极致。

在残存南壁上方半圆端面的最下部，原有一身黑色的飞天，堪称第 8 窟飞天中的精品。然而，出于地震等自然原因，现已不存，我们只能从美术工作者的临品中一睹它的风采了。

主室顶部为纵券式，券腹绘菱格因缘和本生故事。

券顶中脊绘天相图，保存较完整。由里向外依次为：日天、立佛、金翅鸟、立佛、风神和月天。

东、西甬道两壁原各绘有四身龟兹供养人，共计十六身，均为贵族，配有长剑。

供养人就是信仰佛教、出资出力、开窟造像的施主和捐助者。供养人包括出家的比丘、比丘尼以及各阶层信仰佛教的人，也叫功德主。

供养人把自己的像画在洞窟内，表示窟内的佛是他们所供养的，以彰显他们的功德（图 33）。

图 33　克孜尔石窟第 8 窟甬道侧壁的供养人

◎不可错过：菱格因缘故事画

它是克孜尔石窟壁画最大的特色之一。画师将一个故事最精彩、最关键的一两个情节绘于菱格内，每个菱格都代表一个故事（图 34）。所谓菱格其实是由数座山峰组成，整体上代表一座座连绵起伏的山峦，山峦交叉排列，构成了满壁菱格的场景。后来，作为空间背景的菱形山峦，演变成了绘制故事画的空间，主要位于中心柱窟主室券顶，内绘本生、因缘、戒律故事等，以丰富多样的故事来宣说佛教教义。满

图 34　克孜尔石窟第 8 窟主室券顶菱格故事画全景

壁的菱格故事画，就是一本佛教的教科书。第 8 窟绘制的主要是因缘故事和本生故事。

“因缘”是梵语“尼陀那”（Nidana）的意译，汉译为“因”“因缘”“缘起”等，总称“因缘”。因缘是原始佛教的基本理论之一。因缘故事画的内容以释迦牟尼讲述的种种因缘、果报、比喻故事为主，表现释迦牟尼成道后的种种教化事迹，故其在内容上也可以说是佛传的一部分。但是，在龟兹石窟的菱形格因缘壁画中，绝不见释迦牟尼降生至成道之前的事迹，显然与佛传又有区别。

第 8 窟可识别的因缘故事主要有：龙王守护、汪水中虫缘、猿猴被胶喻、罗云洗佛足缘、舞师女做比丘尼缘、小儿播鼗鼓戏、蛤天人闻法升天、白狗因缘。

1. 龙王守护

释迦牟尼成佛后，从菩提树下来到牟枝磷陀龙王池边，坐一树下思维，享受禅定的快乐。这时，寒风刮起，大雨袭来。牟枝磷陀龙王心中念道：“世尊正在禅定，这场大雨七天七夜都不会停止，我应该去守卫世尊，为他遮挡风雨，免受蚊虫侵扰。”于是，龙王以身躯七匝围绕世尊，并化出头覆盖于佛的头上，一直坚持了七天七夜。七天过后，晴空万里，佛睁开眼睛，从禅定中站起身来。这时，龙王便藏起龙身，化作一位天神，跪在佛前听法。在佛的教诲下，龙王接受了三皈五戒，成为佛的弟子。

壁画画面：菱格中绘一坐佛，佛身被龙缠住，佛头上有四条蛇形龙头，形成伞盖，为佛遮雨。佛右侧跪一人，双手合十，头上有蛇冠，即牟枝磷陀龙王（图 35）。

2. 汪水中虫缘

罗阅祇国城边有一汪脏水，污泥粪秽，臭气熏天。水中有条四足大虫，形象如蛇。众比丘对世间有此怪物一事感到非常奇怪，便请佛开示。佛说：过去毗婆尸佛在世时，有众僧在山中修行。当时，有五百商人入大海求宝，平安归来。他们挑选了最好的珍宝施奉给僧人，众僧将珠宝交给了管理生活的摩摩帝。后来，僧食用尽，前来索取珍宝，而摩摩帝却说：这些珍宝都是商人们送给我的，并恶狠狠地骂道：你们吃屎去吧！

由于摩摩帝欺骗众僧、破口大骂，他身坏命终之后堕落到阿鼻地狱之中，九十一劫常在沸屎中翻转。如今又坠落在此屎尿池中，经历多年，仍不得解脱。

比丘们听后，心惊发怵，相互勉励，千万谨慎，护好身口意业，以免落得如此悲惨的下场。

壁画画面：菱格中绘一坐佛，佛右侧有一多头怪物（图 36）。

图 35　克孜尔石窟第 8 窟主室券顶“龙王守护”

图 36　克孜尔石窟第 8 窟主室券顶“汪水中虫缘”

3. 猿猴被胶喻

佛曾经给比丘们讲了一个譬喻故事：在一个大雪山中有猿猴居住。一猎师以黍胶涂在猿猴出没的草地上。狡黠的猿猴看见黍胶后远离而去，而愚痴的猿猴不但没有远去，还用手触摸黍胶，手即被粘住。猿猴又用另一只手欲求解脱，两只手都被胶粘住。随后，猿猴又两脚上前，以求解脱，两脚又被牢牢粘住。张嘴吃草，口被粘住。猿猴的手、脚和口五处全被胶粘住，蜷卧在地，不得动弹。猎师上前，用杖将猿猴打倒，担负而去。

佛讲这个譬喻故事是想告诫比丘：如果在入村乞食时，不善护身，不守根门，眼见色，耳闻声，鼻嗅香，舌尝味，身觉触，即起心动念，便会被五欲所缚，给自己带来莫大的烦恼和痛苦，就如同愚蠢的猿猴被猎师涂在草地上的黍胶粘住，招致自身的繁难和痛苦。因此，出家弟子当念身、念受、念心、念法，依此四念处而住。

壁画画面：菱格中绘一坐佛，佛右侧绘一猴，四肢被粘在地上（图 37）。

4. 罗云洗佛足缘

佛未出家时，生有一子名罗云。罗云七岁出家，却常常说谎。

图 37　克孜尔石窟第 8 窟主室券顶：猿猴被肢[illegible]

图 38 克孜尔石窟第 8 窟主室券顶"罗云洗佛足缘"

为使罗云改掉这个毛病，佛特意来到罗云住处，做了一次既严厉而又适合儿童的教育。父子相见后，佛让罗云用澡盆取水为自己洗脚。洗完脚后，佛用洗脚水可否饮用、洗足之器能否用于盛食、值不值得爱惜等问题询问罗云，逐步启发、引导罗云认识说谎的危害，教育他要从小培养诚实守信的品行。接着，佛又以国王大象参战时护鼻的事例作譬喻，进一步告诫罗云一定要严守戒律、莫造恶业。

壁画画面：菱格中绘一坐佛，佛左侧绘一比丘，比丘跪姿，双手合十作礼拜状。坐佛前绘一倒覆的盆状物（图38）。

5. 舞师女做比丘尼缘

佛在王舍城迦兰陀竹林时，有舞师女夫妇从南方来，带着女儿名叫青莲花，长得端正貌美，舞技高超。青莲花自恃舞艺超群，见到佛时骄慢放逸、嬉笑不敬。佛以神力使她变成百岁老母，发白面皱，牙齿疏缺，弯腰驼背。青莲花非常难过，有了忏悔之意，便求佛宽恕她。佛见其心诚恳，就让她恢复了原貌。青莲花受到佛的教诲，就与其父母于佛前出家了。

壁画画面：菱格中为一坐佛，佛右有一裸女在跳舞（图39）。

图 39　克孜尔石窟第 8 窟主室券顶"舞师女做比丘尼缘"

图 40　克孜尔石窟第 8 窟主室券顶中脊“天相图”

◎不可错过：天相图

佛教认为，宇宙是由无量数的世界所构成，每一世界都有自己的天部。以须弥山为中心的娑婆世界也有天部。绘在石窟壁画中的天部统称为“天相图”（图 40）。

龟兹石窟天相图一般绘在中心柱窟主室或甬道券顶中脊，有些方形窟券顶中脊也绘有天相图。天相图通常由日天、托钵立佛、金翅鸟、风天、雨天、月天等组成，本窟即是如此。

日天：又作“日天子”“日神”，居住于日宫的天神，隶属欲界的四大王天，佛说法时常追随于左右。关于日宫的形态，佛经中有如下记载：“宫殿四方，远见故圆，寒温和适，天金所成”；“日宫殿中，阎浮檀金以为妙辇舆……日天子身支节分中，光明出照阎浮檀辇，阎浮檀辇光明复出照彼宫殿，从彼日天大宫殿中，光明相接出已照曜，遍四大洲及诸世界”。

月天：又作“月天子”“宝吉祥天子”，住于月宫殿中。

其形象与日天子相似，它发出的光芒为白色。

本窟中的日天、月天均为自然形态。在月天的周围画出了围绕它们的星体，这些星体是由晶亮纯净东西构成且住着四天王天层的生类。

风天：佛教认为，由于风的作用，我们生活的宇宙才得以产生。本窟中的风神为女性，丰乳凸显，均仅绘出半身像。身体前倾作运动姿势，嘴作吹气状，两手各持风袋一端，风袋位于身后或裹住全身。风神在希腊、印度等地的神话中都有记载，罗马和萨珊波斯艺术中还有女性风神的形象。但是，半身像型的女性风神为龟兹地区所独有。至于风神作吹气状，则是受到汉文化影响的结果。

金翅鸟：又名迦楼罗鸟。依佛典所载，金翅鸟的翅膀是由众宝交织而成，所以又称为“金翅鸟”或“妙翅鸟”。这种鸟的躯体极大，两翅一张开有数千余里，甚至数百万里之大，住于须弥山下层。金翅鸟的最主要特色便是以龙为食物。为佛教护法八部众之一。本窟中脊的金翅鸟为双头鹰形。据英国学者约翰·马歇尔研究，这种双头鹰的形象，“最初出现在赫梯和巴比伦雕塑中。后来，从斯巴达发现的一块几何图案的象牙上，出现了双头鹰。再往后……与斯基泰人联系在了一起。我们有理由相信，是斯基泰人把这一图案引入塔克西拉的。……穿过印度，到了维查亚瓦达和锡兰”。可以看到，这种形式的金翅鸟也传到了龟兹。

雨神：为住于水中之蛇形鬼类，具有呼风唤雨之神力，也是护法天众之一，居住于支撑须弥山的大石或江河湖泊中。天相图中此形象为正在天空中行云布雨的群蛇，其观念及形态皆源于印度。

这种在建筑顶部中脊绘制天相图的构图形式在汉代中原地区的券顶砖室墓中也有所体现，结合自张骞“凿空西域”后龟兹与中原地区有了密切联系这样的历史背景看，我们可以说，这种构图形式很可能是受中原文化影响的结果。

第 17 窟

该窟为中心柱窟，开凿于公元 6 世纪左右，为克孜尔石窟繁盛期洞窟（图 41）。

前室仅残存南壁，中部开门道通向主室。

图 41　克孜尔石窟第 17 窟内景

主室北壁中部开凿一拱券顶龛，龛内原有一尊泥塑彩绘坐佛像，现已毁无存。龛内两侧壁及顶部原绘菱格山峦。龛外上方半圆端面原斜插木棍，用以固定浮塑彩绘的菱形须弥山。

东、西壁各绘上、下两栏说法图，每栏四铺。大部壁画剥落，仅有东壁两铺残存。

主室南壁门道两侧中下部原绘龟兹供养人。门道上方半圆端面绘有弥勒菩萨兜率天宫说法图。

图 42　克孜尔石窟第 17 窟主室南壁天人

晕染法　又称“凹凸法”，是一种根据物体形体凹凸状态，用重色或墨处理凹处，用浅色处理凸处，以表现物体立体感的绘画方法。第 17 窟人物轮廓都似有黑色的边，这是由于颜色经长期氧化等变成了黑色；其实原来的颜色较浅，这些黑色边缘原来是晕染肌肤的一部分（图 42）。一般来说，克孜尔石窟壁画早期晕染法较淡，近乎平涂。中晚期壁画晕染法凸处运用，有的十分夸张，立体效果也很强烈。

券顶中脊绘天相图，部分已剥落，残存部分可识别的有立佛、迦楼罗（金翅鸟）、立佛和日天（由里向外）。

本窟天相图中的日天很有特点：为天王形象，头戴宝冠，身披盔甲，胸前有十字束索，身后带三角翼，下着短裙，赤足交脚坐于马车上，一手置于腿上，一手举起，有头光和身光，其身后绘出日宫。日宫为圆形，圆内以土红色线条绘放射状的光芒（图 43）。此种日天图像来源于古代希腊的太阳神赫利俄斯，后传入印度，成为太阳神苏利耶，又通过中亚传入古代龟兹。

两侧券腹自下而上各绘四行菱格本生故事画，每行六七幅不等。

本生故事　克孜尔第 17 窟主室券顶有近 50 幅菱格本生故事图。本生，梵名“阇多伽”（Jataka），指佛陀前生修

图 43　克孜尔石窟第 17 窟主室券顶日天

行菩萨道时的种种功德。《本生经》中描述了释迦前世曾以国王、婆罗门、商人、女人以及象、猴、鹿、熊等各种动物为自身形象，或为救度众生而牺牲自我，或为追求正法而精进不懈等，经历了无数难行苦行，超越了常人的想象。成佛绝不是一蹴而就的过程，根据小乘佛教“说一切有部”的理解，释迦从发愿成佛之始，需经历三阿僧祇九十一劫的时间修行菩萨道，这被称为“轮回时代的菩萨”，最后才托胎于迦毗罗卫国的悉达多太子。本生故事图像起源甚早，在公元前2世纪印度巴尔胡特大塔的浮雕中就已经出现了。有的故事原先是流行于印度民间的寓言，如“猴王智斗水妖”曾收录于印度古老寓言集《五卷书》中，它们为佛教吸收，成了表现释迦前世功德的故事。

本窟中的本生故事依据其反映的思想，大致可以分为四类：布施、忍辱（守信、行孝）、精进、智慧。

布施：以慈悲心而施福利与人。布施本义是将衣、食等物施予大德及贫穷者；至大乘时代，则为“六波罗蜜”之一，再加上法施、无畏施二者，扩大了布施之意义。亦指施予他人以财物、体力、智慧等，为他人造福成智而求得累积功德，以达到解脱之一种修行方法。小乘布施之目的，在破除个人吝啬与贪心，以免除未来世之贫困；大乘则与大慈大悲之教义联结，用于超度众生。本窟中的摩诃萨埵舍身饲虎、鸽焚身施迷路人、萨缚燃臂救客商故事画反映的就是这一思想。

忍辱：令心安稳，忍受外在之侮辱、恼害等，亦即凡加诸身心的苦恼、苦痛都能忍受。忍辱包含不忿怒、不结怨、心不怀恶意等三种内涵。佛教特重忍辱，本窟中的羼提波梨忍辱截肢本生故事画反映的就是这一思想。

守信：佛教“五戒”中的“不妄语”以及“八正道”中

的“正语”均是讲守信问题。

“不妄语”简单地讲就是不说假话，细分的话，包括“不绮语”“不两舌”“不恶口”“不妄言”四个方面。

“绮语”就是花言巧语和污言秽语，凡是让人是非颠倒或心生邪念的这一类言语，都属于绮语。

“不两舌”就是不挑拨离间、不搬弄是非。

“不恶口”就是不骂人，凡是对人出言不逊、挖苦讥讽都属于恶口。

还有“不妄言”，就是不能为了某种目的去欺骗别人，不能为了谋取别人的利益而说谎话。你要是为了谋取别人的利益而说假话、说谎话，那就叫“妄言”。

“正语”则是远离妄言、两舌、粗言、绮语等一切虚妄不实之语。

佛教认为遵守“不妄语”戒和“正语”、守信用，是修行必须遵守的根本戒律。此外，还可以获得口内永远清净，并且还常常有青莲花的香味；社会上各界各阶层的人，甚至十方诸佛圣人，以及他道的众生，都信仰、崇拜你；心地上平平安安，无怖畏，心安理得而常感到欢喜等各项功德。本窟中反映这一思想的本生故事画是须陀素弥王诚而有信和狮王舍身不失信。

行孝：子对双亲尽诚顺命供养。又作“孝顺”“孝养”。佛经中，不论在家出家，劝孝的篇章很多。孝又分为世间之孝与出世间之孝，供给父母衣食等为世间之孝，以佛法开导父母为出世间之孝。世间之孝，止于一世，为孝之小者；出世间之孝，无时而尽，因父母生净土，福寿不止，如恒河沙劫，是为大孝。众生若能孝养敬顺父母，则可得到少生病、形态端正、出身贵族、多有帮助等各种好的果报。本窟中反映这一思想的本生故事画是睒摩迦至孝被射和弥兰。

精进：又作“精勤”“勤精进”“进”“勤”。亦即依佛教教义，在修善断恶、去染转净之修行过程中，不懈怠地努力上进。精进为修道之根本，本窟中的菩萨行慈不怖众生、虔阇尼婆梨王闻法身燃千灯故事画反映了这一思想。

智慧：佛教指破除迷惑、证实真理的能力，梵语“般若”之意译，有彻悟意。就是以佛教的世界观、认识论分析判断世间万事万物为“智”，而通过这种分析得出世间万象的最终为空则为“慧”。本窟中反映这一思想较典型的本生故事画是五通比丘论苦之本和猴王智斗水妖。

1. 萨埵太子舍身饲虎（布施）

从前，有个国王，他有三个儿子。小儿子摩诃萨埵非常善良。

一天，全家外出野游。途中休息时，王子们来到林间，碰见一只刚生出两只小虎的羸瘦不堪的母虎，似乎想吃掉自己的虎崽。摩诃萨埵顿生慈悲之心，决定舍身饲虎。于是，借口有事，让两个哥哥先行一步。等他们走远后，他便投身虎前。由于老虎饥饿过度，无力吃他。摩诃萨埵便用一根利棍，朝自己身上刺去，直至鲜血涌出。老虎舐了他的血，才有力气开口吃肉，小老虎也跟着吃了起来。

过了很久，两个哥哥不见弟弟回来，便返回原地，看见弟弟已血肉模糊。

王后在休息时做了一个不祥之梦，醒来后惊恐地对国王说："可能儿子有不祥之事。"国王听后，立即派人寻找三个儿子。不久，两个大儿子回来告知父母：弟弟已被老虎吃了。父母一听扑倒在地，昏厥过去。苏醒后，即刻骑马赶来，见摩诃萨埵已被老虎吃尽，只剩骸骨狼藉在地，一家人痛不欲生。天神看到后，便到人间来开导和劝解他们。摩诃萨埵的父母听了天神的劝告之后，渐渐从悲痛中醒悟，他们将摩诃萨埵的骨灰埋葬好后，又在它的上面建起一座高塔，以作永久的纪念。

由于舍身饲虎的功德，摩诃萨埵死后变成了天神（图 44）。

图 44　克孜尔石窟第 17 窟主室券顶“摩诃萨埵太子舍身饲虎”

2. 大象舍身救囚徒（布施）

从前，有一头大象生活在沙漠边的一个大森林中。

有一天，它看见一大群囚徒朝森林走来，便上前问：“你们为何来到此地？”囚徒回答：“国王把我们发配到沙漠，许多人都因饥渴而死。”听了他们的悲惨遭遇，大象非常同情，便对他们说：“山脚下有一个莲花湖，你们可以到那儿解渴、避暑。在山口下面还有一头刚摔死的大象，你们可以吃它的肉，用它的肠子装水，这样就可以走出大沙漠了。”大象送走了囚徒之后，跑至山顶跳了下去，摔死在山脚下。

这群囚徒来到莲花湖，喝足了水之后，又找到了刚刚摔死的大象。当他们发现这头大象就是刚才遇见的大象时，都泣不成声，不忍心吃大象的肉。有人说：“我们还是应该遵照它的希望去做，否则它的壮举就没有意义了。”于是，大家听从大象的话，终于走出了沙漠。

壁画画面：菱格下部绘一头四脚朝天的大象，大象的后部上方，一人正在用刀割大象肉（图 45）。

3. 羼提波梨忍辱截肢（忍辱）

古时候，阎浮提有个国王进山游玩。途中休息时，宫女乘机远游，遇见大仙羼提波梨，便听其说法。国王发现宫女

图 45　克孜尔石窟第 17 窟主室券顶“大象舍身救囚徒”

们与仙人独处，便质问他是否达到佛教的“四空定”“四无量心”“四禅事”。仙人回答：“都未达到。”国王怒问：“修行何事？”答称：“修行忍辱。”国王当即拔剑，对他说：“我倒要试试你如何忍辱。”随即断其双手，仙人说能忍；又断其双脚，割其耳鼻，仙人说还能忍。

这时，天地大震，诸天神于空中问道：“受如此痛苦，忍辱之心是否改变？”仙人回答：“从未变易。”诸天神又问：“何以为证？”仙人说：“若我忍辱至诚，身体当恢复原状。”说罢，身体即完好如故。国王见状，异常惊恐，请求仙人原谅。

壁画画面：一棵大树下有三个人物，右边绘一国王右手高举宝剑，左手叉腰，表情愤怒。中间跪一人双手作揖，并回头看举剑者；左边绘有仙人，双手落地，但神态很淡然（图 46）。

4. 狮王舍身不失信（守信）

猕猴和狮王是邻居，猕猴要外出寻找食物，把两个孩子托付给狮王看护。狮王打瞌睡时，一只饥饿的秃鹫把两只小猕猴叼到树上，准备吃掉。狮王醒来不见小猴，到处搜寻，看到了树上的秃鹫，赶忙哀求：“我没有照看好小猴，是我失信。求您把小猕猴还给我吧！”秃鹫恶狠狠地回答：“我

图 46　克孜尔石窟第 17 窟主室券顶“羼提波梨忍辱截肢”

图 47　克孜尔石窟第 17 窟主室券顶“狮王舍身不失信”

还饿着呢！还给你，我吃什么？”“我请您吃狮肉吧！”狮王说着用利爪在自己肋上撕下一大块肉，抛给秃鹫换回了两只小猕猴。

壁画画面：菱格上部有一飞翔的老鹰，下右部有一只猕猴，下左部有头狮子在撕自己胸口的肉（图 47）。

5. 睒摩迦至孝被射（行孝）

故事是说释迦牟尼在过去某次轮回中，有个名叫睒摩迦的仙人，父母双目失明，生活不能自理。睒摩迦自幼孝顺，供养父母。一天，睒摩迦外出提水。当时，国王正在捕猎，一群鹿在河边，却误射了睒摩迦。尽管如此，睒摩迦并不怨恨国王，只是担心父母没有人照顾。父母听到儿子死讯，号啕大哭，祈求天神相救。故事最后，睒摩迦身体恢复如初，证明了他的至孝和对无故被伤害而没有怨言的品行。国王被这件事感动，将他的德行广泛传颂（图 48）。

6. 弥兰不孝头戴铁轮（行孝）

弥兰想和五百商人一起入海采宝，其母知道后，极力劝阻。可弥兰十分不满，把母亲打倒在地，脚踩母亲的头颅愤怒而去。结果，船一入海就撞到暗礁，五百商人相继淹死，唯有弥兰一人抱着船板存活下来。弥兰首先来到一座银城，随后又去了金城、玻璃城和琉璃城。当他进入一座铁城时，守城夜叉将一个炙热的铁轮放在了弥兰的头上，熊熊烈火越烧越旺。弥兰顿时痛彻骨髓、痛苦万分，这就是弥兰脚踩母头得到的报应。（又见本书第 247 页第 212 窟内容）

壁画画面：一人头戴铁轮坐在方形座上，两边站立两位面目狰狞的守城夜叉（图 49）。

图 48　克孜尔石窟第 17 窟主室券顶“睒摩迦至孝”

图 49　克孜尔石窟第 17 窟主室券顶“弥兰不孝头戴铁轮”

7. 端正王智断儿案（精进）

过去，有一个国王，名叫端正。他以佛道治国，从不冤枉百姓。

一天，有两个妇人，共争一小儿，她们吵吵嚷嚷来到王宫，请国王评理。国王非常聪明，决定以智断案。于是，他对两个女人说："现在只有一个儿子，你俩都想要，请你俩各挽小儿的一只手，用力拉拽，谁能得到，小儿就归谁。"这时，假母因无慈爱之心，就尽力拉拽，不惜损伤小儿；而真母出于慈爱，不忍用力拉拽。小儿遂被假母拉了过去。国王观后，真假分明，便对那个冒充母亲的人严厉地说："小儿非你所生，你是硬抢她人之儿。"

在事实面前，这个女人只好向国王承认错误，请求国王宽大为怀，饶恕她的过错，并把小儿还给了生母。国王就把她们放走了。

壁画画面：菱格左侧绘一身人物，双手捧一小孩。菱格右侧上下部各绘一身人物，双手合十，跪姿，作乞求状（图50）。

8. 虔阇尼婆梨王闻法身燃千灯（精进）

很久以前有个名叫虔阇尼婆梨的大王，为求妙法，向全国宣告："谁能提供妙法，我愿满足一切需要。"有个婆罗

图50　克孜尔石窟第17窟主室券顶“端正王智断儿案”

门前来献法，他说："妙法得来不易，不能随便阐说，有何报酬？"国王说："无论什么东西，我都会满足。"婆罗门说："如你在身上剜燃千灯，为我照明，就为你说法。"国王立即答应，并通知全国百姓：大王决定于七日之后，为求妙法，自剜其身，以燃千灯。

到了第七天，人们纷纷赶来，奉劝大王。大王说："我是为了求法才这样做的。当我成佛之时，必先普度你们。"说完，即请婆罗门将他的身体剜制了千灯。然后，国王说："请大师为我说法后，即燃灯。"婆罗门说了一段佛法后，就点燃了千灯。帝释天从天而降，问大王："现在你已痛苦至极，是否后悔？"大王回答："无丝毫悔意。"帝释天又问："看你颤抖不已，却说无悔恨之心，谁能相信？"大王发誓："若心无悔恨，身上的伤疤当即平复。"说罢，大王身上的伤疤顿时平复，恢复如初。

壁画画面：中间站立一位天人装的人物，双手合掌，周身烈火燃烧；身旁各绘两个人物，其中一人似拿一盘（图 51）。

9. 萨缚燃臂救客商（精进）

古时候，阎浮提有五百商人外出经商。有一天，他们路过一个大山谷，谷内非常黑暗，伸手不见五指。传说这个山

图 51 克孜尔石窟第 17 窟主室券顶“虔阇尼婆[illegible]

谷常有盗贼出没，众商人忧愁不已，担心自己的财物被盗贼抢劫。于是，他们一起向诸天神跪拜祈祷，哀求天神保佑。商主萨缚安慰众商人说：“你们不要害怕，我会设法为大家照明引路的。”说罢，萨缚即以白布缠臂，然后浇上酥油，点燃双臂，作为火炬，为众商人照明引路。就这样，萨缚带领五百商人，经过七天的行程，终于走出了黑暗的山谷。五百商人被萨缚的这种高尚行为感动不已。

壁画画面：左边有一驮货物的毛驴，中间是两身身着西域服饰的商旅人物，右边是一高大人物，举着双臂，双手上燃烧着火苗（图 52）。

10. 五通比丘论苦之本（智慧）

有位高僧，精于五通之道，人称五通仙人。一天，乌鸦、鸽子、毒蛇、鹿在一起议论人世间什么最苦。乌鸦说：“饥渴最苦。饥渴时四肢乏力。”鸽子说：“淫欲最苦。淫欲旺盛时，连命都顾不上。”毒蛇说：“邪恶最苦。邪恶一生，损人又害己。”鹿说：“惊恐最苦。遇上虎狼和猎人，肝胆俱碎。”五通仙人听了他们的议论，告诉他们：“你们没有说到苦的根本。天下之苦，莫过于欲望。忧愁畏惧，都源自欲望。只有舍俗学道，才能消除欲望、断绝苦根。”四禽兽听了这番论述，豁然开朗。

图 52 克孜尔石窟第 17 窟主室券顶“萨缚燃臂救客商”

图 53　克孜尔石窟第 17 窟主室券顶“五通比丘论苦之本”

壁画画面：菱格左部有一比丘，右部从上向下有四动物，分别是蛇、乌鸦、鸽子、鹿（图 53）。

11. 猴王智斗水妖（智慧）

有一天，猴王带着众猴出门玩耍。途中，众猴都感到口渴，于是找水来到一水池边。众猴们正要喝水，发现了水妖。水妖露出水面说："只要进入水池的生物我一个也不会放过，包括你们，我要全部吃掉。"怎么办呢？聪明的猴王发现了水边的芦苇，于是命令众猴们拔来芦苇秆，做成吸管，然后告诉水妖："我们不但要喝水，而且还不碰水池。"拿着长长吸管的小猴们洋洋得意地喝着水。猴子们不但喝足了水，而且还未被水妖捉住。

画面为：水池中露一水妖的头，池边众猴持管吸水（图 54）。

西域胡商　克孜尔石窟第 17 窟壁画中出现了很多商人的形象（图 55）。在"龟救客商遇害""萨缚燃臂救客商""狮象舍身救客商"这三个本生故事中，商人多穿圆领或翻领紧身长袍，戴白色尖顶帽。在龟兹壁画中，这些服饰特征几乎成为表现商人的固定造型。同时，在"萨缚燃臂救客商"的画面中，还出现了作为商队的交通工具——驴。有学者认为这些商人即古代的粟特胡商。粟特人是中亚著名的商业民族，

图 54　克孜尔石窟第 17 窟主室券顶“猴王智斗水妖”

图 55　克孜尔石窟第 17 窟主室券顶本生故事中的西域胡商

足迹遍布世界各地，在唐长安城内就有许多经商的粟特人聚落。凡利之所在，粟特商人无往而不至。据说，他们刚出生时就嘴上食蜜、手中涂胶，寓意行商时常说甜言蜜语、持钱时如胶粘手。壁画上的本生故事均源自佛经，描述的是印度的故事，但画师在处理商人形象时却不采用印度式的装扮，而换成了现实生活中常见的粟特胡商形象，反映了古代西域人民生活的真实面貌，也体现了龟兹作为丝绸之路贸易重镇的特点。

东甬道东壁和西甬道西壁外端各绘一幅与真人等高的站在莲花上的立佛，表现的是以法身显现的释迦牟尼佛。立佛身后各绘两行舍利塔。甬道券顶绘菱格图案。

涅槃　北甬道北壁绘佛涅槃图，佛身后有梵天、四天王、阿难和迦叶（图 56）。佛教所说的“涅槃”并不是指离开人间、失去生命，而是指佛教徒经过种种苦修和善行后所能达到的最高境界，即人们脱离人生中的各种苦难烦恼，进入永远没有生老病死和轮回之苦的极乐世界。因此，佛教徒们以释迦牟尼入灭前的经历以及丧葬的经过为基础，以佛教的涅槃思想为依据，编成了一部《涅槃经》。

涅槃题材在龟兹石窟中非常普遍，表现方式有两种：一是壁画；二是绘塑结合。绘塑结合主要出现在一些规模较大

图 56　克孜尔石窟第 17 窟北甬道北壁“涅槃图”

的中心柱窟中，如克孜尔石窟第 8 窟。涅槃题材构图繁简不一，最简单的仅一卧佛，双足下跪一比丘。一般的构图，多在卧佛上方绘出诸天、四大天王和弟子多身。较为复杂的画面中，添加须跋陀罗先佛入灭、迦叶礼佛足、密迹金刚哀怜和举哀的世俗人物等内容。

涅槃是克孜尔石窟壁画中特别突出的题材，中心柱的甬道（后室）都属于涅槃系列内容的表现范围。早期涅槃的内容比较简单，仅在后室（后甬道）正壁画佛涅槃像和梵天、帝释天及众举哀弟子，两侧甬道多绘舍利塔。繁荣期开始，涅槃内容逐渐扩展，发展为情节完整的涅槃系列故事画，包括佛以神力渡恒河、佛陀举山掷虚空、阿阇世王闷绝复苏、度善爱乾闼婆王、须跋陀罗皈依、焚棺图、八王争分舍利、第一次结集等。

梵天　举哀天人中最前方的天人没有戴冠，头发高高绾起，束成发髻，这代表梵天（图 57）。印度教认为，梵是宇宙的根本原理，梵天是印度教三大主神之一，主司创造（其他两位主神为湿婆与毗湿奴，主司毁灭与守护）；在佛教中却成了一位虔诚供佛的天神。

梵天身后绘身披盔甲的四大天王，神情凝重，合掌向佛。在克孜尔石窟的涅槃图中，四天王是常见的角色，有在佛祖涅槃后继续护持佛法的象征意义。

图 57　克孜尔石窟第 17 窟北甬道北壁梵天

四大天王　四大天王是佛教欲界“六天”之一，他们分别护持着释迦佛世界的四个洲。佛教认为，世界以须弥山为中心，四周是大海，海的四面各有一洲。东方的叫东胜身洲，又称持国天，其统领叫提多罗；南方的叫南赡部洲，又称增长天，其统领叫毗琉璃；西方的叫西牛货洲，又称广目天，其统领叫毗留博叉；北方的叫北俱卢洲，又称多闻天，其统领叫毗沙门。四大天王各率二十八部夜叉大将，镇守佛国一

图 58　克孜尔石窟第 17 窟北甬道北壁天王

方（图 58）。

四大天王在佛教艺术中出现得很早，印度早期佛教雕刻中就有四大天王的形象。在龟兹石窟中，四大天王的形象一般出现在方形穹隆顶窟顶部四角边缘，如森木塞姆第 42 窟和库木吐喇窟群区第 34 窟等。

迦叶和阿难　迦叶又叫摩诃迦叶。梵语“摩诃”意为“大”，故又称“大迦叶”（图 59）。在释迦的弟子中，叫“迦叶”的至少有五个，由于他是释迦十大弟子之一，年纪又较大，故在他名上冠以“大”字以示区别。迦叶生于古印度摩揭陀国王舍城郊外的一个婆罗门之家。他原为外道，后皈依佛门，深受释迦器重，被认为是最能领悟释迦心思的人，是十大弟子中的首席弟子。由于他能苦修精进，被称为“头陀第一”。释迦牟尼入灭后，迦叶成为实际上的领袖。他召集在各地传教的各僧团长老，主持了佛教史上第一次结集，由阿难口诵经文，优婆离诵出律典，共同整理诵出了释迦以往的教导，从而才有了佛教正式的经藏、律藏和僧伽组织，佛教才能继续发展。

关于迦叶礼佛足有一个故事。佛陀入灭后，人们将其纳入棺中，欲举火焚烧，但火却无法点燃。摩诃迦叶当时未在场，他在归途中遇到一个外道，外道手持天界之花，告诉迦

图 59　克孜尔石窟第 17 窟北甬道北壁迦叶

叶这是释迦牟尼入灭后天神供养所散下的天花。迦叶由此得到导师入灭的消息，急忙赶回拘尸那竭罗城。迦叶回来时，棺盖自动打开，佛足伸出供其礼拜，礼拜结束后，堆积的香木就自动燃烧了。迦叶在教团内德高望重，他是释迦衣钵的传承者，这就是只有当迦叶做完最后的供养，释迦的身体才能燃烧的原因。迦叶礼足，实际上有传法的象征意义。

在佛教艺术中，不论是塑、绘、雕、刻，总是把迦叶塑造成一位老成持重、饱经风霜磨难之苦，而又睿智深邃的高僧形象。

龟兹石窟壁画中的迦叶是一位身着田相衣、满脸褶皱的老者形象，出现在迦叶皈依、涅槃和第一次结集等佛传故事壁画中。

阿难全名“阿难陀”，意译为庆喜。释迦十大弟子之一。根据佛经说，阿难是释迦牟尼叔父斛饭王的儿子，释迦牟尼的堂弟。他从小跟随释迦出家，是释迦的随身弟子和近侍。阿难在十大弟子中年纪最小，又聪慧乖觉、勤奋好学、博闻强识，凡佛所说，他都能准确记忆，被称为“多闻第一”。释迦去世后，阿难与迦叶一起领导了佛教僧团的活动，在相当长的时期内维持着教团的生存和发展。据说，后来的佛经多是靠阿难背诵出来的。

龟兹石窟壁画中的阿难是一位英俊少年的形象，出现在佛涅槃和第一次结集佛传题材壁画中。

迦叶和阿难都是佛的十大弟子之一，也是佛祖圆寂后最重要的两位上座弟子。在释迦十大弟子中，迦叶与阿难被称为二贤者。在大乘佛教寺院或石窟寺的雕塑和壁画中，他们两位常常作为随侍弟子而被安置在释迦佛的两侧，形成一佛二弟子的布局。

◎不可错过：主室南壁上方半圆端面“弥勒菩萨兜率天宫说法图”

兜率天是欲界“六天”之一。所有轮回中修行的菩萨，投胎成佛前的最后一世都是在兜率天度过的。因为经过这一世就可以成佛了，这时的菩萨就被称为“一生补处菩萨”。无论是释迦还是弥勒，都要经历这个过程。兜率天位处欲界“六天”之中，不上不下，补处菩萨投生此中，反映了佛教的“中道”思想。兜率天又可分为内院、外院，外院的天人仍有欲望，内院却清净无秽，是一方净土，居住着许多乐于闻法的菩萨。菩萨在兜率天宫中为众天人讲法，昼夜不息。

弥勒原为释迦牟尼佛座下大弟子之一，由于他即将继释

图 60　克孜尔石窟第 17 窟主室北壁上方半圆端面“弥勒菩萨兜率天宫说法图”

迦牟尼佛之后，在阎浮提世界成佛，所以习俗相沿，也称他为弥勒佛。

据佛典所载，弥勒菩萨在兜率天为天人说法，教化天众。相传兜率天上有五百亿天子，各以天福力，造作宫殿，发愿布施弥勒菩萨，庄严兜率天宫，因而使兜率天成为殊胜的国土。

依释迦牟尼佛的开示，众生如果愿意随从弥勒菩萨受教

求法，则可发愿往生兜率天。在经过兜率天之四千岁，亦即人间五十六亿七千万（一说五十七亿六千万）年之后，弥勒菩萨将降生到世界，在华林园龙华树下成佛；并三次度化众生。这三次度众法会，号称“龙华三会”（图 60）。

◎不可错过：东甬道东壁法身的释迦牟尼佛

该身立佛头光中绘七身小坐佛，表现的是“过去七佛”，还有一身似为菩萨的形象，可能是弥勒菩萨。身光中绘两圈小立佛，佛的双肩绘护法诸神。佛身以腰部绘束腰形须弥山为界，上方至肩部绘三行天界诸像：最上一行为坐佛，第二行为佛与菩萨，第三行为天人。须弥山以下为欲界，绘有阿修罗、畜生、饿鬼等形象，两身立佛前各绘一身胡跪比丘（图 61）。

立佛身上的形象主要表现的是“三界”。“三界”的天、人、地狱诸相附于佛身，表示佛是三界的导师，是“天人师”的具体形象。“天人师”是佛陀的“十号”之一，意为佛是诸天与人的导师，教导天、人什么是“应作”和“不应作”，什么是“善”与“不善”，教导天、人不背佛法，能达解脱之道。这两身立佛绘在甬道侧壁上，表现的是佛涅槃前应阿难之求，向众比丘解四谛之疑，以“智观”显“四谛”。佛以大慈悲心，解衣显身相。即用法身之相，对众比丘做最后的教诲。西甬道外侧外端壁画被德国探险队揭取，现藏于德国柏林亚洲艺术博物馆。

图 61　克孜尔石窟第 17 窟东甬道东壁立佛

第 27 窟

该窟是由方形窟改建而成的中心柱窟，开凿于公元 7 世纪左右。

主室平面呈方形，是克孜尔石窟中规模较大的一个石窟。此窟主室四面开龛，与其他中心柱窟不同。主室北壁中部开一拱券顶立像龛（主龛），改建过程中将此龛正壁中下部与北甬道凿通，在开凿的新岩面上涂赭石色，再绘小花朵装饰。主龛上方开一拱券顶坐像龛，龛内塑像无存。龛外壁面开凿

图 62　克孜尔石窟第 27 窟主室内景

9排小拱券顶龛，总计62个。龛内原有贴塑的小坐佛，现已无存，壁面涂层脱落。

东、西壁各开凿三排拱券顶龛，每排13个。

南壁门道两侧各开凿一立像龛。门道上方绘弥勒菩萨兜率天说法图，因山体崩塌，仅残存右侧八身闻法天人。

该窟大小龛合计89个，每个龛内原有泥塑彩绘佛像一尊。遗憾的是龛内塑像都已不存，龛饰大部分脱落，凿面裸露在外。从现存部分装饰可以看出，左右侧壁装饰相同，每个小龛上部多饰以一顶华盖，龛内壁统一绘蓝白色菱格图案（图62）。

大乘多佛思想　小乘认为，尽管在释迦牟尼佛之前还有六佛，未来还有弥勒佛，但是现在的世界只有释迦牟尼佛一人可被称为佛。佛陀是人而不是神，人们信仰他、崇敬他，是因为他觉悟并践行了宇宙人生的真理，成为世人的榜样。而大乘则崇拜多佛，认为十方世界同时存在着无量诸佛，过去、现在、未来各有三千佛，众生皆有佛性，皆可成佛。

本窟主室北壁和东、西壁开许多佛龛，龛内原有佛像，是多佛观念的图像化表现。

顶部是克孜尔石窟罕见的平棋顶。顶部凿出16个方格，横纵各4个，布局犹如棋盘，所以称之为平棋顶。每个方格内凿一莲花，现大多已剥落，仅有一朵保存较好，窥此一斑，可知全貌。

东甬道西壁和西甬道东壁各绘一列五身龟兹供养人。

北甬道北壁绘涅槃图，南壁东侧绘“八王争分舍利图”，西侧绘“焚棺图”。

八王争分舍利　佛在拘尸那揭罗城涅槃后，遗体被火化。印度八国国王遣使来求舍利，都想在各自国内起塔供养。然而这一要求却遭到拒绝，于是八国国王发兵来争佛舍利。后经长者婆罗门独楼那（Dona）出面调停，将佛舍利均分为八份，由八王各携一份归国供养，才避免了一场战争的爆发。

“八王争分舍利”是龟兹石窟壁画中常见的题材，一般多绘于中心柱窟甬道侧壁。画面繁简不一，较简单的仅绘出

图 63　克孜尔石窟第 27 窟北甬道南壁“八王争分舍利”

婆罗门独楼那居中，双手捧舍利罐，两侧绘三身或四身手持舍利盒的国王。较复杂的画面同时绘出6个或8个国王，身着甲胄，乘象马，手持兵杖围于城门前共争舍利的情景（图63）。

焚棺　焚棺也称为“荼毗”，这二字是梵语的发音，翻译成汉语的意思是焚烧。但是，这个“焚烧”，不是一般所说的焚烧木柴、焚烧垃圾等，而主要是指佛教的火葬，尤其指僧人死后的火葬（图64）。

◎不可错过：平棋顶

平棋原为中国古代宫殿内的顶部装饰构造，俗称“天花板”，多以四条木板结成一个方井，方井间又重复连接成棋格状，每方井中多饰以莲荷图案。形态近似棋盘，故称平棋。一般由骨架和图案两部分组成，其中图案又由方井边饰图案和方井内的图案组成，这些内容共同构成了平棋艺术。平棋艺术用于木构建筑顶部的装饰构造，南北朝时也被引进佛教石窟中，不过都是在岩石上刻凿而成。本窟中的平棋顶是受当时中原汉传佛教艺术回流的影响（图65）。

图 64　克孜尔石窟第 27 窟北甬道南壁“焚棺”

图 65　克孜尔石窟第 27 窟主室平棋顶

第38窟

该窟形制为中心柱式，开凿于公元5世纪左右（图66、图67）。

洞窟组合　第38窟前室与第39、第40窟前室毗连，形成一个共用的廊道或前室。这三个窟曾是一个组合，或者说是一个小型寺院。

所谓洞窟组合，就是通常位于同一平面上一系列毗邻而建的洞窟；具有明显且不与其他组合相重叠的边界；组合内的洞窟有时通过一些建筑结构连接在一起，如前室或悬空的栈道；它一般由不同类型、不同功能的洞窟组成。它为僧团日常生活提供固定场所；这种活动包括居住和礼拜修行这些基本功能。一些洞窟组合没有住所，表明僧侣可能居住在与开凿于悬崖上的石窟寺相关联的地面场所。

主室北壁塑绘“梵天劝请”。中部开凿一拱券顶龛，龛内原有一尊泥塑彩绘坐佛像，现已毁无存。龛外上方半圆端面布满按菱格排布的小孔，原斜插木棍，用以固定浮塑彩绘的菱形须弥山。

东、西壁各绘三铺说法图，佛居中央，周围是闻法弟子及天人。闻法天人手持乐器，这是其他洞窟说法图中少见的。

图 66　克孜尔石窟第 38 窟外立面

图 67　克孜尔石窟第 38 窟主室内景

这个洞窟最有特色的就是说法图上方保存的两幅画面较为完整、内容丰富的“天宫伎乐图”。

帝释天及帝释天宫　帝释天又叫“释提桓因”，本是印度神话中的一位大神。印度古老的《吠陀经》里说他是能杀魔鬼、饮苏摩酒（即甘露，不死之酒）的天神。帝释天法力无穷，印度教中称其为“因陀罗”，传说他出身于印度种姓之首的婆罗门。他与知友三十三人生前共修福德，后升天为忉利天（亦叫三十三天）之主，居住在须弥山顶的善见城内。佛教把帝释天列为虔诚信仰佛教、辅佐在释迦牟尼身边相当于国王的人物，是为释迦牟尼护法的大神之一。释迦牟尼成佛后，曾在忉利天善见城内说法。“天宫伎乐图”所描绘的“天宫”即是善见城内帝释天所居住的宫殿，而伎乐天人是帝释天宫内各类专司音乐、舞蹈、唱歌或散花的天人。

璎珞　璎珞实为印度贵族生活中的奢侈装饰品，用珍珠玉石穿在一起，佩挂颈间。这种高贵的饰品作为献给佛的“供养品”，无疑抬高了“供养”的分量，烘托了佛的地位，绘在壁画里又增添了华丽宝贵的色彩（图 68）。

东、西侧壁上方叠涩面上绘水中动物和宝珠。

南壁门道顶部绘水中动物和宝珠。门道外东、西侧壁中部各开一龛，龛外上方各绘一身思惟菩萨。东侧壁龛外上方榜

图 68　克孜尔石窟第 38 窟主室南壁佩挂璎珞的菩萨

题栏内有一横列墨书的婆罗谜文字，龛下残存一身龟兹供养人。

思惟菩萨　闻、思、修是契悟菩提、证到三昧的方法。所谓“闻”就是听，从耳根听进去；还要“思”，思就是想、思惟；想了以后还要“修”，修就是学，将所明白的道理应用在日常生活或禅修当中。思惟菩萨像这一独具魅力的佛教图像，宴坐思惟，修行精勤，心无放逸。此思惟图像意味着与菩萨修行的深厚关系。在本窟中，思惟菩萨像前，尚有叼着龙的金翅鸟，或可理解为悉达多太子在苦思人生哲理乃至开悟的情形。思惟亦可用“念”来表示，如正思惟、正念，从凡至圣的修行过程，所以这种像也可以理解为思惟悟道的觉者之相（图 69）。

南壁门道上方半圆端面绘弥勒菩萨兜率天宫说法图。画中人物以线条勾勒轮廓，紧劲有力，颇有曲铁盘丝的效果（图 70）。

曲铁盘丝　古代绘画技法之一种。指用笔勾线均匀有力，圆屈紧劲，犹如铁丝盘起一样，既有锐利的气魄又有连绵不绝的韵律性。这种技法流行于古代西域，唐初于阗贵族画家尉迟乙僧在中原绘画时运用此法，曾风靡中原，在中国绘画史上有深远的影响，克孜尔石窟壁画中不乏屈铁盘丝技法的运用。许多佛、菩萨、比丘等人物的衣纹，都是用这种技法绘制的。

图 69　克孜尔石窟第 38 窟主室南壁思惟菩萨

图 70　克孜尔石窟第 38 窟主室南壁闻法天人

“曲铁盘丝”是西域壁画绘制的一贯手法，用粗细均匀的线条表现人物山水、虫鱼鸟兽的基本形态一直是龟兹画师绘画技法的一大特征。线条是抒发画者情感的直接表达方式，不同的线条可以表现出不同对象的体貌特征。从整体看龟兹风格的壁画都是以线为形、以色为面来烘托主题的视觉效果；线形面色呈现出主题思想，加强了壁画背景装饰性作用。

券顶中脊绘天相图，从里向外依次为月天、辟支佛、风神、金翅鸟、辟支佛、风神、日天。

两侧券腹绘菱格故事，本生与因缘交替出现，各有三行，每行七至九幅不等。有多处壁画被揭取。现存可识别的本生故事有：大施抒海夺珠、锯陀兽剥皮救猎师、熊救樵人被害、萨缚燃臂救客商、大光明王始发道心和少年郁多为大胜王释偈等。现存可识别的因缘故事有波塞奇画像、国王修塔延命缘、满贤婆罗门遥请佛缘、陶轮师洗佛、波斯匿王礼佛、弥勒受金衣。

1. 锯陀兽剥皮救猎师（精进）

从前，有个猎人奉王命捕捉锯陀兽并剥去它的兽皮。猎人在山上寻找了多日，所带干粮和水也用完了，却不见锯陀兽的踪影。正值盛夏，酷暑难耐，猎人已危在旦夕，低吟哀号："谁有慈悲之心，快来救救我吧！"锯陀兽听到后，非常同情，把他抱起来，放入冰凉的泉水之中，又捡来瓜果，供他食用，猎人渐渐恢复过来。当他睁眼看见梦寐的锯陀兽时，甚感惊讶，心想："这正是国王所要之兽啊！在生命垂危之际，它救了我的命，我又怎能害它呢？但是，若不能捕获它，又如何向国王交代呢？"想到这里，猎人悲叹不已。锯陀兽得知猎人的心事后，很同情，就安慰他说："你不要忧愁烦恼，尽管剥我的皮吧。今天，我已将自己施舍于你，以此功德，誓求成佛。"

猎人听罢，就将锯陀兽的皮剥了下来，完成了国王交代的任务。

壁画画面：一棵大树下，一名猎人正在从头部剥锯陀兽的皮。可以清楚地看出猎人的表情，痛苦、纠结和不忍心的心情都充分表露了出来（图 71）。

图 71 克孜尔石窟第 38 窟主室券顶“锯陀兽剥皮救猎师”

2. 少年郁多为大胜王释偈（智慧）

过去有一王名叫桀贪，东征西讨，占据了广大土地，自立为“大胜王”，但他仍贪心不足。有一梵志告诉国王，海外有一大国，物产丰富，并自荐可为大王当向导前去夺取。大王积极备船准备出海，但梵志逾期不至，后说一偈，大胜王不解其意。时有一少年名郁多，至王处为王释偈，王受教诲，彻悟不该贪欲无度，从此行善乐施。

图中大胜王坐于束帛座上，双手合十，表示忏悔。右侧郁多坐地，右手抬起作解说状（图 72）。

3. 弥勒受金衣

弥勒是未来佛，他在前世也曾是释迦牟尼的弟子。在释迦时代，弥勒是波罗奈国辅相之子，他一出生就有“三十二相”的“大人之相”；在印度传说中这是转轮圣王或觉悟者的相好，因此弥勒的出生引起了波罗奈王的惧怕，欲杀之以绝后患。辅相得知国王已起杀心，就偷偷将弥勒送至其舅波婆梨处。弥勒在舅舅那里成长，从小就智慧无比。有一天，波婆梨得知迦毗罗卫国的悉达多太子经过 6 年苦行、降伏魔军，最终彻悟了世间的真理，成为佛陀。于是，他就派弥勒等 16 人前去拜访佛。当弥勒等人走近佛陀时，佛立即洞察了他们的来意，一一回答了他们的问题。弥勒等人为佛的光

图 72　克孜尔石窟第 38 窟主室券顶“少年郁多为大肚王释偈”

明和智慧折服了，愿随佛出家求道。

迦毗罗卫的净饭王听说太子已经成佛，十分思念自己的儿子，就派人恳请佛陀返回家乡为民众讲法。在天神和众弟子的拥护下，佛陀走进了迦毗罗卫城。此时，佛的姨母摩诃波阇波提听说太子回来了，非常激动，她拿出一件美丽的金色袈裟奉献给佛，说："太子，您出家后，我日夜思念，用金线织了一件袈裟，恳请您接收它吧！"佛当然明白姨母对他的慈爱之心，但施舍一人的功德比不上广施众人。佛就让姨母将这件袈裟施舍给自己的弟子。但是，当摩诃波阇波提将这件金色袈裟依次递到僧人面前时，却没有人敢接受。要知道佛教为了使僧人不为欲望所染，规定袈裟需用坏色、杂色，而不能使用这种鲜艳纯净的颜色。最后，当袈裟传递给弥勒时，弥勒却不假思索地伸手取过了袈裟。他站起身穿上这件金色的法服，顿时熠熠生辉、光彩照人，众人无不赞叹。释迦预言说："弥勒在未来世将接替我成佛，他降生时人间一片光明，没有饥馑、战争，人民富裕、丰足。他将在龙华树下成佛，号称弥勒佛，度化无数人！"

壁画画面：佛右侧绘一有头光的比丘，双手抬起，持一布帛；佛左侧绘一妇人，也具有头光，双手亦持布，姿态与佛右的比丘相同（图 73）。

图 73　克孜尔石窟第 38 窟主室东壁“弥勒受金衣”

4. 伊罗钵龙王礼佛

伊罗钵龙王在恒河中宣说二偈，他说谁能解此二偈，他就把装满金粟的银钵和装满银粟的金钵送给他，而且还要把两个美丽的女儿嫁给他。龙王的声音震动八方，各国的沙门、婆罗门、长者居士纷纷前来解读偈义，但都无功而返。人们找到了摩揭陀国的国师那罗陀，希望他能解释龙王的偈语。那罗陀自知无法解答，就故意对龙王说："等我七日，我必能解答！"七日之内，那罗陀遍访名师，但当时的六师外道均不解其意，反过来责问那罗陀。最后，他找到了佛，佛为其解说了偈语的含义。

那罗陀带着佛的答案来见龙王，龙王听后顿时欢喜踊跃，询问他："尊者，这是你自己思索出来的吗？还是佛已经出现在了人间？因为除了佛之外，世上再没有任何人能解读它。"那罗陀如实回答，并以手遥指佛所在的方向。伊罗钵龙王顺着此方向前去礼拜佛。他恢复了原形，变成一条巨大的蟒蛇，眼睛如大钵，喘息声如惊雷，口出火光，身体极长，在水中逆流而上。来到岸边后，龙王又变成了国王的模样，虔诚地走到佛前，说："世尊，过去久远之时，我曾是一个比丘，在迦叶佛前修行，因不信佛语，故意弄断树叶犯下杀生之罪，所以受身为畜生。唯愿世尊怜悯于我，告诉我什么时候我才

图 74　克孜尔石窟第 38 窟主室东壁“伊罗钵龙王礼佛”

能解脱。”佛说：“伊罗钵，在未来弥勒佛出世之时，你就能摆脱龙身，在佛前出家得道！”龙王听后，豁然开朗，接受了三皈五戒。龙王对那罗陀说：“金钵银钵都可以给你，但龙女却不能给你，因为她们一吐气，周围都会化为灰烬！”那罗陀却说：“金银财宝和龙女，我都不需要了，我也决定在佛前出家修道！”那罗陀后来也修成了阿罗汉果。

壁画画面：图中佛右下方绘听法的龙王、龙女，他们的头光上绘蛇形龙及云气。龙王脚底冒出一条巨蛇，这是表现龙王变为原形前往礼佛时的情景（图 74）。

5. 波塞奇画佛缘

过去，阎浮提有个大国王名波塞奇，统领八万四千小国。当时有佛名弗沙，波塞奇与诸臣民供养弗沙佛及众僧。有一天，国王想：大国中的人民常能见佛，礼拜供养。而其他偏僻小国的人民却没法修福，应当多画些佛像，好让他们作供养。画师们奉王令来到佛所，面对着佛，画一笔却忘失余处，重新观看，等到下手时又已忘记，结果没有一个能够画成。于是，弗沙佛将众画师的颜料调和在一起，手蘸颜料自己画了起来，然后将画成的像立起来。画师们照着这幅像，画了八万四千张，画像精妙端庄如同弗沙佛一样。八万四千国每国得到一张佛像，国王臣民欢喜敬奉，视作佛的真身。

图 75　克孜尔石窟第 38 窟主室券顶“波塞奇画佛缘”

过去的波塞奇王就是今日的释迦牟尼，缘于这个功德，世世受福，天上人中常为帝主，所受生处端正庄严，三十二相、八十种好。缘于这个功德，修行成佛，涅槃之后得八万四千座佛塔之果报。

壁画画面：图中佛左手端颜料钵，右手执画笔，在一比丘双手举着的布帛上作画（图 75）。

6. 国王修塔延命缘

有一位占卜大师告诉国王："您还有七天的寿命。"国王听后心情沉重，但为了不引起国家的混乱，照常巡游打猎。途中看到一个佛塔几乎要倒塌，感慨自己的命运和这座塔一样，就和众大臣一起进行修缮加固。国王做了善事，心情舒畅地回到宫中。

七天之后，占卜大师见国王身体健康很有精神，惊异地问国王发生了什么事。国王就把修理佛塔的事讲了一遍。占卜大师点头称是，明白国王是行善积德而延续了生命。

壁画画面：一位头戴宝冠的国王右膝着地胡跪于佛的右侧，国王旁边有一座带一条幡的佛塔（图 76）。

7. 满贤婆罗门遥请佛缘

富豪满贤，财宝无量，为人慈善，常布施于民。满贤一友从王舍城来，告诉满贤迦兰陀竹园中有佛说法，那里人、

图 76 克孜尔石窟第 38 窟主室券顶“国王修塔延命缘”

图 77　克孜尔石窟第 38 窟主室券顶“满贤婆罗门遥请佛缘”

天、众生皆共供养，尊重赞叹。满贤闻后，深生敬信，遂上高楼焚香请佛。佛遥知满贤心愿，即往其处，满贤施食供养。佛说："设欲施者，投此钵中。"满贤与众供养者将食自投佛钵中，却不能使满，方知佛钵奇大无比。后满贤因此善心功德而得佛道。

壁画画面：佛坐于方形座上，右手托钵。右侧跪在佛前穿商人服者为满贤，其双手高举，向佛钵中投物（图 77）。

东、西甬道：东、西壁均绘塔中坐佛，券顶绘菱格图案。

北甬道：北壁绘佛涅槃图，南壁绘舍利塔。左右各开一拱券顶龛，龛内塑像无存。龛外两侧及券顶绘菱格山峦。

◎不可错过：主室东西壁上方"天宫伎乐"

天宫伎乐图所描绘的"天宫"即是善见城内帝释天居住的宫殿，伎乐天人即是帝释天宫殿内各类专司音乐、舞蹈、歌唱或散花的天人。该窟天宫伎乐图绘在说法图之上，表示天宫的位置。天宫伎乐的欢娱情景是对下方佛说法度化众生伟绩的歌颂。该窟说法图内伎乐很多，与天宫伎乐图共同营造了浓烈缭绕、曼舞轻歌的气氛（图 78）。

每幅天宫伎乐图长 3.6 米、高 0.56 米。每幅由 7 组画连续组成，每组内绘两身伎乐天人，两幅合计 28 人。每幅图

图 78　克孜尔石窟第 38 窟主室东壁“天宫伎乐”

用凹凸仿椽纹作通栏，每组用龛楣作间隔。每组二人均是一男一女，肤色为一黑一白。男女均有头光，皆袒臂露胸；男者头戴宝冠，发佩披带，女者或高髻花鬘或珠帽冠顶；男女均项挂珠圜，臂佩环钏，有的戴大耳铛。

佛教中的伎乐天人，是由印度神话中的两种乐神演化而成的。一是乾闼婆，《大智度论》卷十曰：“揵闼婆是诸天伎人，随逐诸天……有时天上为诸天作乐。”关于乾闼婆的形貌，佛经上说法不一，但其原来为鬼神相貌。《补陀落海会轨》中说：“顶上八角冠，身相赤肉色，身如大牛王，左定执箫笛，右慧持宝剑，具大威力相，发髻焰鬘冠。”有的说他是半人半兽，身上生毛。另一位乐神（亦谓歌神）叫紧那罗，其形也很怪异。唐慧琳《一切经音义》卷十一曰：“真陀罗，古作紧那罗，音乐天也，有微妙音响，能作歌舞，男则马首人身能歌，女则端正能舞，次此天女，多与乾闼婆天为妻室也。”此二乐神原貌似鬼神，故佛教把他们列入八部

鬼神（又称“天龙八部”）里。但是，随着佛教思想的演变和艺术的需要，二神逐步被改造得面目全非，从丑陋无比的鬼怪形变为雍容俏丽、眉清目秀的美的化身了。在印度古代佛教造型艺术中，我们能够看到这种经佛教改造了的众乐神的形象。在佛教向外传播的过程中，乾闼婆、紧那罗向着更美化的形象演变。到了龟兹石窟，已经是佛教艺术中的突出的美化形象；到了敦煌、云冈，与中原审美观相结合，又经时代的不断加工，终于在佛教艺术里力胜群芳、独占鳌头，成为群仙众神中的佼佼者。这就是大家熟知的佛教壁画的“飞天”“伎乐天”的演变过程。

天宫伎乐图中出现了 9 种乐器。

排箫　系中原古老乐器（图 79）。排箫是由一系列管子构成的管乐器，管子都是按由长到短或由短到长的顺序排列，并且把它们并排连接在一起，管子的底部都用塞子堵住，构成一个个独立的吹管；吹奏时，气流进入管中，可以产生

图 79　克孜尔石窟第 38 窟主室西壁排箫

高低不同的音调。排箫的音色纯美，轻柔细腻、空灵飘逸。排箫这种乐器既可以独奏又可以合奏。传说华夏先祖黄帝曾命乐官伶伦制作乐器，《吕氏春秋·古乐》：“昔黄帝令伶伦作为律。伶伦自大夏之西，乃之阮隃之阴，取竹于嶰溪之谷，以生空窍厚钧者，断两节间，其长三寸九分，而吹之以为黄钟之宫……故曰：黄钟之宫，律吕之本。”他用竹做了“参差”，这种乐器是由长短不一的竹管组成的，所以人们都说“参差不齐”，“参差”实际上就是现在所说的排箫。排箫在不同时期、不同地域，它的名字也不相同。在中国古代，排箫有许多美名，如雅箫、颂箫、舜箫、秦箫、凤箫、凤翼、云箫等。在世界各国排箫都有各自独特的名字，如西瑞克斯（希腊）、菲斯图拉（古罗马）、弗莱斯特尔（中世纪法国）、伊夫尼塔（罗马尼亚）、安塔拉（秘鲁）、龙达多尔（厄瓜多尔）、西库（玻利维亚）。此外，呐伊、穆斯卡、郝伊拉、普乎拉也都是排箫的名字。

排箫在夏朝就已盛行，是古代常用的乐器之一，有 4000 多年的历史。迄今发现的世界上最早的排箫是出土于河南鹿邑长子口墓的骨排箫，现保存在河南省博物院。长子口墓是商末周初的大型墓葬，距今 3000 多年，比欧洲发现得最早的排箫——乌克兰排箫还早了 1000 多年，弥足珍贵。1977 年河南丹江楚墓出土的春秋时期的石排箫，是世界上发现最早、保存最完好的石排箫；1978 年湖北随县曾侯乙墓中又出土了战国时期的竹排箫，也是目前发现的中国古代最早的竹排箫。

一个中原古老的乐器竟大量出现在龟兹佛教壁画里，是一个值得探索的话题。排箫在汉文史籍中称为“箫”，用于军队的鼓吹乐。鼓吹乐是以击乐器和吹乐器演奏为主的一种音乐。鼓吹乐后来也叫“短箫铙歌”。蔡邕《礼乐志》中说：“汉乐四品，其四曰短箫铙歌，军乐也。”短箫铙歌随汉军征战四方。据《汉书·西域传》中记载：自解忧公主长女弟史嫁与龟兹王绛宾后，龟兹国与汉朝关系亲密无间。绛宾王与弟史多次来长安朝贺，汉宣帝曾赠予“歌吹数十人”。“歌吹”即指“鼓吹乐”。这一记载可以认为是排箫传入龟兹之始。这样，排箫在公元前 1 世纪传入龟兹，又经龟兹王室推行汉室礼仪时得到普及，成为龟兹乐中的主要乐器。

龟兹石窟壁画中的排箫有两种形态。早期排箫体积较大，箫管长短差别不大，几乎成长方形。有的学者认为这种形制的排箫是古希腊乐器“潘”，也称“潘夫流特”。有的认为是从中原传入的排箫。大约在公元 6 世纪时，龟兹石窟壁画里的排箫发生了变化，出现了体积略小、箫管排列由短渐长、管数增多，并外扎篾箍的一种形制，与中原排箫比较接近。

排箫在龟兹石窟早、中、晚期的洞窟壁画中都有，说明排箫曾在龟兹长期流行。

铜钹　又称为铜钹子、铜钵子，亦称铜盘、铙钹等（图80）。用响铜制造，其形如圆盘，中央隆起如丸状，中心穿一小孔，系以布缕，两片互击而鸣奏之。钹是古印度的打击乐，随佛教传入西域，是佛教法事的用具。

龟兹石窟壁画中的铜钹形态很小，即人们常说的“镲”，《广州音字典 · 钅（金）部》记载：“镲，chǎ 小钹。”

筚篥　筚篥即觱篥，又称悲篥、笳管、头管、管子（图 81）。唐段安节《乐府杂录》中载：“筚篥者，本龟兹国乐也，亦曰悲栗，有类于笳。”宋高承《事物纪原》卷二引令狐揆《乐要》云：“筚篥出于胡中，或云龟兹国也。”根据文献记载，筚篥源于龟兹的可能性很大。

在唐代，著名的筚篥曲有《勒部羝曲》《离别难》《雨霖铃》《道调子》等，其中《雨霖铃》曲子的来历还有一段故事。公元 756 年，“安史之乱”的叛军攻陷了长安，唐玄宗李隆基带着宰相杨国忠和宠妃杨玉环匆匆夺路往西南而逃。刚走出长安 100 多里，饥饿疲困的禁军哗变，杀了人人痛恨的奸贼杨国忠，并逼玄宗赐杨玉环自缢，这就是历史上有名的“马嵬事变”。缢杀杨贵妃后，禁军队伍继续南行。由蜿蜒曲折、

图 80　克孜尔石窟第 38 窟主室西壁铜钹

图 81　克孜尔石窟第 38 窟主室西壁竿箓

高入云端的秦蜀栈道进入斜谷，又遇细雨绵绵不断，路途艰难。在栈道最险处，有铁索供人攀扶，索上挂有铃铛，人走时手扶锁链，铃声前后相应，以便相互照顾。玄宗在淅沥的夜雨中，听到断断续续的铃声，倍觉愁肠欲断。此情此景，勾起了对杨贵妃的无限思念。为悼念杨玉环，他挥泪写了一首乐曲《雨霖铃》，寄托自己的思念和抒发旅途愁苦之情。当时有梨园乐工张野狐在玄宗身边，他是天宝时著名的筚篥演奏家。玄宗将《雨霖铃》让他试奏，乐声一起，深沉悲咽。听到动情处，玄宗挥泪如雨。后来回到长安，玄宗还经常叫张野狐为他演奏此曲。

《雨霖铃》曲调缠绵悱恻，到了宋元时，又受到失意文人喜爱，争相填词传唱，于是成为词牌《雨霖铃》的起源。北宋柳永填的《雨霖铃》“寒蝉凄切”，更使该乐曲流传开来，而其中的“多情自古伤离别，更那堪冷落清秋节。今宵酒醒何处？杨柳岸、晓风残月。此去经年，应是良辰好景虚设。便纵有千种风情，更与何人说”更成为千古名句。

龟兹古乐器筚篥从中国传入朝鲜和日本，至今在日本奈良正仓院中，还保存着一支我国唐代的筚篥。

新疆维吾尔族民间流行的巴拉曼，至今仍然保持着古龟兹筚篥的形制，用苇子制作，与木制管相比，音色略带沙哑，更具有新疆地方特色。巴拉曼在维吾尔语里称“皮皮”，即簧片之意。巴拉曼可以用于维吾尔族一切歌舞活动中。在维吾尔古典音乐《十二木卡姆》里，它常常担负“琼拉克曼”（即大曲）部分的散序演奏。

克孜尔石窟第 38 窟天宫伎乐图中有两件乐器，其口部呈喇叭形，故有人认为是唢呐，并由此提出了早在公元 3 世纪至 4 世纪唢呐就在西域出现的谬论。新疆克孜尔石窟研究所的研究员霍旭初先生坚持认为克孜尔石窟第 38 窟的这两件乐器是筚篥而非唢呐。音乐史学界都知道，我国明代才开始有唢呐的记载。功夫不负有心人，霍先生经过仔细辨认后发现，这两件乐器上的喇叭口是后期补绘的。20 世纪 60 年代，有数批北京、河北、敦煌、新疆等地美术学院的学生和美术工作者先后到克孜尔石窟临摹壁画，不知哪位“恶作剧者”画蛇添足，不仅破坏了文物，还引起了多年的悬念和争议。1998 年，当霍先生拿着德国柏林印度艺术博物馆（现柏林亚洲艺术博物馆）赠送的 1906 年德国探险队拍摄的第 38 窟的照片资料时，终于揭开了“庐山真面目”：第 38 窟“天宫伎乐图”中的竖管乐器是没有喇叭口的，与克孜尔石窟第 114、第 161 等窟的竖形管乐器完全一样，真可谓“踏破铁鞋无觅处，得来全不费功夫”。那种唢呐于公元 3 世纪至 4 世纪就出现在龟兹的论说不攻自破，近 20 年的一桩“公案”终于画上了句号。

五弦琵琶　印度的古老乐器（图 82）。最早的图像出现在印度阿玛拉瓦蒂大塔栏楯的佛传故事石雕中，年代约在公元 2 世纪。龟兹石窟早期洞窟壁画里就已出现了五弦琵琶，如克孜尔石窟第 38 窟“天宫伎乐图”中。晚期洞窟壁画中也能见到其形象，说明五弦琵琶在龟兹流行的时间很长。龟兹五弦琵琶的音箱为梨形体，腹窄而细长，顶部的轸槽为三角形。克孜尔石窟第 8 窟伎乐天人手中所执的五弦琵琶形象清晰，特别为中外音乐史学家所瞩目。唐初淮安靖王李寿墓石椁上雕刻的伎乐所弹的五弦琵琶与龟兹五弦琵琶形制完全一样，说明这种乐器早已传到了中原。隋唐九、十部乐的清乐、西凉、高丽、龟兹、疏勒、高昌、安国、天竺诸乐中均有使用。在燕乐中尚有大五弦琵琶和小五弦琵琶两种形制。《新唐书·礼乐志十一》云：“五弦，如琵琶而小，北国所出，旧以木拨弹，乐工裴神符初以手弹，太宗悦甚，后人习为挡琵琶。”晚期的克孜尔石窟第 135 窟壁画中保存有五弦琵琶的颈部图像，可见有四个半品柱，与《乐府诗集》卷九十六引唐《乐苑》所记“五弦四隔，孤柱一”相吻合，也与日本正仓院所藏的五弦琵琶实物的品柱形制一致。

图 82　克孜尔石窟第 38 窟主室东壁五弦琵琶

唐时琵琶是军中传令之器，故有“葡萄美酒夜光杯，欲饮琵琶马上催。醉卧沙场君莫笑，古来征战几人回”的诗句。唐代时，琵琶的发展出现了一个高峰，上至宫廷乐队、下至民间演唱都少不了琵琶，琵琶成为当时非常盛行的乐器，而且在乐队中处于领奏地位。这种盛况在我国古代诗词中有大量的记载，例如唐代诗人白居易在他的著名诗篇《琵琶行》中就非常形象地对琵琶演奏及其音响效果有这样的描述:“大弦嘈嘈如急雨，小弦切切如私语。嘈嘈切切错杂弹，大珠小珠落玉盘。”

曲项琵琶　西亚的古老乐器（图 83）。大概与箜篌同时传入龟兹。曲项琵琶是龟兹流行的主要乐器，是在龟兹石窟壁画中数量较多的乐器之一。据学者研究，龟兹乐师苏祇婆传播的龟兹“五旦七声”乐律，就是在曲项琵琶上演奏的。曲项琵琶的东传是以龟兹为中介，汉文史籍上常将该乐器称为“龟兹琵琶”。唐杜佑《通典》卷一四二云：“自宣武已后，始爱胡声，洎于迁都，屈茨（龟兹）琵琶、五弦、箜篌、胡筐、胡鼓、铜钹、打沙锣、胡舞，铿锵镗锴，洪心骇耳。”龟兹曲项琵琶的项部后曲成角，与波斯出土文物的形状一样。

竖箜篌　西亚的古老乐器（图 84）。竖箜篌出现在公元 5 世纪的龟兹石窟壁画中。龟兹竖箜篌的形制与萨珊波斯

图 83　克孜尔石窟第 38 窟主室西壁曲项琵琶

王朝时期的塔卡伊·波斯坦石雕及波斯银盘上的竖箜篌图像基本相同，只是音箱的顶部呈尖状，承弦的横杆与音箱之间设一支撑杆。近年在新疆陆续发现了几件上古时期的竖箜篌。且末县扎滚鲁克墓地出土的三件木制竖箜篌，年代约在公元前 5 世纪至前 2 世纪。鄯善县洋海墓地出土的两件木制竖箜篌，其年代在约公元前 1000 多年前。这几件木制竖箜篌的

图 84　克孜尔石窟第 38 窟主室西壁竖箜篌

形制与龟兹石窟壁画中的弓形箜篌属同一类型。这批竖箜篌的发现，不仅印证了龟兹石窟壁画中的竖箜篌，也将西域音乐史的年代大大提前，填补了我国公元前乐器实物的空白。

横笛　也称为“笛子”或“横吹”（图 85）。笛类乐器在古代印度和中国江南、黄河流域以及羌族中都很流行，其材料有骨、铜、竹等。我国黄河流域生长着大量的竹子，便于以竹为材料制笛。《太平御览》卷五八〇引《史记》云：“黄帝使伶伦伐竹于昆溪，斩而作笛，吹之作凤鸣。”以竹为材料是制笛的一大进步：一是竹比骨振动性好，发音清脆；二是竹便于加工。

横笛在早期龟兹石窟壁画中多有出现，壁画中的横笛一般都比较细长，很难看出音孔。1989 年，在新疆鄯善县鲁克沁镇出土了唐代竹笛。

阮咸　也称为“阮”（图 86）。据汉代至魏晋时期的文史资料所载，阮是中原汉民族创造的一种圆体、直项、四弦、十二柱（品）的乐器，汉时称“秦琵琶”或“秦汉子”。西晋“竹林七贤”之一的阮咸善弹此种琵琶。唐武则天时期发掘了一座晋代古墓，在墓穴的殉葬品中发掘出一把铜琵琶。武则天让弘文馆学士元行冲对琵琶进行鉴定，结果是：此物正是阮咸的遗物。宫廷乐匠照着原样仿制了一把，所用材料

图 85　克孜尔石窟第 38 窟主室东壁排箫、横笛

图 86 克孜尔石窟第 38 窟主室西壁阮咸

不再是铜，而是上等的木料。琵琶仿制出来后，弹出来的音律柔美、优雅、清亮。大臣们经过商量，既然此琵琶是依据阮咸的铜琵琶仿制而成，大小、形状以及音色都与原来的琵琶差不多，这类乐器从此被称为“阮咸”。在中国音乐史上，以人名命名的乐器，只有“阮咸”一个。它原来的名字“琵琶”也让位给了从西域传入中原的曲项琵琶，从此直称“琵琶”。

阮咸在盛唐时期流传至日本，在日本古都奈良东大寺正仓院中还珍藏着一把唐代传去的螺钿紫檀阮咸。

答腊鼓　答腊鼓又称“揩鼓”，以用手揩擦鼓面而为其特征（图 87）。《古今乐录》云：“答腊鼓，制广于羯鼓而短，以指揩之，其声甚震，俗为揩鼓。”此鼓另一外形特征是鼓面之间用绳索斜拉。早在公元 4 世纪，龟兹石窟壁画中就出现答腊鼓了。

第 47 窟

该窟为大像窟，开凿于公元 4 世纪，属于克孜尔石窟的初创期。后室的涅槃像经过重绘，重绘的时期应该是公元 8 世纪以后（图 88）。

图 87　克孜尔石窟第 38 窟主室西壁答腊鼓

图 88　克孜尔石窟第 47 窟大像窟

大像窟　在克孜尔石窟，对大立佛的建造和礼拜是其显著的特征，可以说这一特征贯穿了克孜尔石窟从兴建到废弃的全过程。放置大立佛的大像窟的形制发展也经历了一个完整的变化过程。以其为核心的洞窟组合也得到大量的兴建，遍布于克孜尔石窟各个区域。克孜尔石窟中的大像窟共有 10 处。它们分别是第 47、第 48、第 60、第 77、第 92A、第 139、第 148、第 154、第 157、第 215A 窟。这些大像窟主室后壁均塑大立佛，其中克孜尔石窟第 47 号窟大立佛据遗迹测量，其身高在 15 米以上。

此外，龟兹地区的石窟群中，都开凿有大像窟。库车西南30公里的库木吐喇石窟有四处大像窟。库车东北40公里的森木塞姆石窟南北崖共有大像窟三处；北崖第11号窟原塑的大立佛身高15米左右。库车西北12公里的克孜尔尕哈石窟也有大像窟两处，其中的第23号窟原塑的大立像高近10米。大部分大像窟占据了石窟群最好的位置。可以说，开凿大像窟、崇拜大像是龟兹地区石窟艺术的一个特点。

这种立佛像，据《出三藏记集》卷十一《比丘尼戒本所出本末序》记载，龟兹“寺甚多，修饰至丽。王宫雕镂立佛形象与寺无异”，可知此为公元4世纪中期龟兹佛寺所习见。即使在公元7世纪20年代末，玄奘路经龟兹时，仍然如此。《大唐西域记》卷一：“屈支（龟兹）国，大城西门外，路左右各有立佛像，高九十余尺（唐尺约合今30厘米，则此像当在27米左右）。于此像前，建五年一大会处。”说明早在公元4世纪时龟兹就已经供奉大型立佛了，而且还定期举行盛大法会。法会期间，“举国僧徒皆来会集。上自君王，下自士庶，捐废俗务，奉持斋戒，受经听法，渴日忘疲。诸僧伽蓝庄严佛像，莹以珍宝，饰之锦绮，载诸辇舆，谓之行像，动以千数，云集会所”，说明这时还举行一系列与大立像有关的佛事活动。第47、第48、第60等窟周围密集分布着大量的僧房窟、杂房等应当就是为当时的盛大集会准备的设施。新疆以东的大型立佛，最早遗物是北魏和平元年（460）在平城（今山西大同）开凿的“昙曜五窟”中的第18号窟立佛和第16号窟立佛，前者身高15.5米，后者身高13.5米。据说这两身立像分别是依据北魏的文成帝和太武帝相貌特征雕造的。雕造的目的一方面是为了祈福，另一方面也是为了继续神话皇族。尽管其建造动机可能有别于克孜尔石窟中的大立佛，但是其模式无疑来源于古代龟兹地区。此两立佛晚于克孜尔最早的遗迹约一个世纪。葱岭以西的大型立佛，以阿富汗巴米扬高38米的东大佛和高53米的西大佛两处为最著。此两大佛的年代，据最新的研究，均为公元6世纪。此外巴米扬当时的大型立佛的数量也远逊于龟兹。因此，开凿大像窟和雕塑大型立佛及围绕大型立佛进行盛大法会，或许是龟兹佛教的一个特点。它对葱岭以西和新疆以东的石窟寺建造产生了深远的影响。

开凿大像窟是佛教发展达到相当的程度和社会经济有了相当的实力才能做到的。这种形制实际上属于中心柱窟。它在形制布局上与中心柱窟不同的是：中心柱窟前突出地安排了大立像，并且扩大了后室；而大像窟的用途，则是用于观像和礼拜尊像。

洞窟由主室和后室组成，主室纵券顶，北壁前原有一立佛像，像高 16.7 米（已毁）。主室东、西壁各凿有五排用于放置栏台的凹槽，顶部残存两身飞天。东西甬道中心柱一侧壁开龛置塑像，龛外绘坐佛、力士、龙王夫妇等；另一壁绘立佛、坐佛和摩诃萨埵舍身饲虎的本生故事等（图 89）。

神通　指由修禅定与智慧而获得的超自然、无碍自在、神变不可思议的能力。一般包括 6 种，含出入三界，变化自在、能见一切事物、能闻一切声音、能洞悉他人思想、能知前世今生等内容。佛教并不反对神通，但是认为它也是轮回的一部分，是业报的结果；与涅槃相比，仅是小术，更不是

图 89　克孜尔石窟第 47 窟后室

佛教的修行目标。本窟后室东端壁三身比丘似乎在飞行，肩上出水，腋下出火，表现的是他们运用神通前来礼佛的场景（图 90）。

后室顶部的飞天　飞天造型粗犷，体态笨拙，但很有气势，有力烘托了涅槃的氛围。这是以后龟兹飞天、伎乐天的原型。

除此以外，该窟其他壁画也大部分属于初创期风格，特别是后室顶部的飞天，绘在没有草泥层的山体上，显然是开窟时所绘（图 91）。

后室壁画制作技法　后室顶部的壁画与其他洞窟不同，系直接在凿磨好的岩体上敷白色浆来绘画，没有草泥层，因此颜料层不易保存。有关专家称此画法为湿壁画，其特点在于作画颜料经胶、水等调和后，画在色质灰沉且吸水很快的干燥砂岩上。这种壁画尤为独特，画面自然协调，还会出现若隐若现的奇妙效果，天长日久，斑驳陆离；又由于颜料的变异，更产生出画面的神奇色彩，使后来者耐人寻味。

◎不可错过：龟兹塑像的制作方法探微

泥塑形式　做法是用木杆做出塑像的骨架，然后在塑像骨架上围绕麦秆、芦苇，并用绳绕扎固定，再用加有麦秆的

图 90　克孜尔石窟第 47 窟后室东端壁比丘

图 91　克孜尔石窟第 47 窟后室顶部飞天

泥塑出形体结构，最后再用细泥进行表层的塑造。造大型塑像和立像时要在塑像后面所依靠的岩壁凿孔，在其中插入木杆并和塑像骨架连接，将塑像骨架与岩壁连接固定。克孜尔石窟新1窟塑像较清晰地体现出这种做法（图92）。

泥塑表层覆石膏层形式　库木吐拉谷口区新1窟窟主室坛基上的塑像先用泥塑造内部形体，并同时塑出衣纹，再在泥塑表层均匀地覆薄石膏层，表层经打磨完成后，塑像表面光洁细腻（图93）。

石蕊像形式　龟兹地区的砂岩凿造稍大的雕像就需要结

图92　克孜尔石窟新1窟西甬道西壁立佛塑像

图 93　库木吐喇石窟谷口区新 1 窟主室狮子座

合泥塑来塑造。方法为：

（1）如克孜尔石窟第 196 窟，在开窟时预留出要雕凿塑像的岩体，在雕石像时凿出石像完整的形体和衣纹的细部。然后按照石像衣纹，表层贴泥（图 94）。

（2）库木吐喇石窟窟群区第 70、第 71 窟主尊像形式。开窟凿中心柱体时在北壁预留出造像用的岩石，在雕石像时只雕出大的形体结构，形体上凿迹较粗，以便在上面贴抹较厚的泥。在上方即头颈部位凿凹槽，并深入胸部。然后将准备好的头像脖颈下伸出的构件插入槽中，将头像组装在石像身体上，

图 94　克孜尔石窟第 196 窟后室南壁石像胎

图 95　库木吐喇石窟第 71 窟主室北壁佛坐像

再在石像身体上覆泥层进行肌肉和衣饰的塑造（图 95）。

模制塑像　龟兹地区曾发现大量塑像模范，模范造像利于批量制作较规范的塑像。制作小塑像时直接将准备好的泥放在模范中制作。造较大的塑像时，先做好和模范尺寸相配套的泥塑毛坯，再用多块模范拼模的方式，在毛坯上压印出塑像的表层形象。

克孜尔石窟塑像的被毁，大致有自然和人为两种原因。其中，自然原因主要是地震以及风、雨、雪等的侵蚀，人为原因则包括宗教战争、外国探险队的盗掘等。

克孜尔石窟位于地震活跃带上，常年地震不断，从而对洞窟本体产生了巨大的破坏，同时也对洞窟内的塑像造成巨大破坏；洞窟废弃后，风、雨水对塑像表面及其内部结构的侵蚀，造成颜料层脱落、草泥层崩解以及塑像骨架解构。13、14 世纪，龟兹地区改信伊斯兰教，伊斯兰教反对偶像崇拜，洞窟内的塑像在这个时期遭受了重大的破坏。19 世纪末 20 世纪初，德、俄、日等国探险队陆续来到龟兹，他们在这里进行了长期的发掘，发掘出的一些塑像被运回上述国家；一些没有带走的留在当地，却没有进行保护，今天也不存在了；还有一些在发掘和运送过程中被毁坏。他们的盗掘工作对于克孜尔石窟的塑像也造成了很大的破坏。

凡此种种，使得今天还留存在克孜尔石窟的塑像成为凤毛麟角，它们在呜咽中向人们讲述着那段不堪回首的往事。

第 69 窟

该窟形制为中心柱式，开凿于公元 7 世纪左右，由前室、主室和甬道组成。本窟于 1947 年由韩乐然发现并清理（图 96）。

前室尚存北壁和东壁，为绘塑结合，塑像无存，壁面残

图 96　克孜尔石窟第 69 窟主室内景

存几身天人。

主室地面保存部分石膏地坪。

北壁塑绘结合表现梵天劝请。中部开一拱券顶龛，龛内塑像无存。龛外上方壁面有按菱格排列的小圆凿孔。

东西壁下方地坪上有预留的像台，像台上原绘塑结合表现过去四佛，现存护法金刚、龟兹供养人和比丘。里端绘誓愿画，东壁为“燃灯佛授记”。

誓愿画　“誓愿”有很多含义，但菩萨所发之愿，在佛教看来是最无私、最伟大的。一个坚定的誓愿是行为的动力，菩萨发愿未来成佛，得到无上正等正觉，同时还要度化他人，将苦海中的众生拯救出来。反观寻常人，所发之愿一般都是追求人天之中幸福享乐的果报。释迦前世曾供养无数过去之佛，并在佛前精诚发愿，这就是“逢事诸佛”。菩萨就是这样不断地供佛、不断地发愿，经过漫长的轮回修行，最后才能得道成佛。释迦前世供奉诸佛的事迹一般包含三个方面：一为供养，二为誓愿，三为授记。这是三位一体的，供养是菩萨所行之功德，誓愿是菩萨成就正觉、救济众生的决心，授记则是菩萨得到了未来成佛的预言。如著名的“燃灯佛授记”就包含了完整的这三个方面。在佛教艺术中，所谓的“誓愿画”一般指吐鲁番伯孜克里克石窟以大型立佛为中心、表现释迦前世供养诸佛情景的壁画，画面上有梵文榜题，内容包括“燃灯佛授记”“迦叶佛授记”“商客请佛渡水”等。在克孜尔石窟中也存在表现释迦往昔事迹的誓愿题材，如“燃灯佛授记”“王女牟尼燃灯供养”“婆罗门供养”等。将这些菩萨的事迹画在墙上，是为了教导修行者要像释迦一样，发菩提心，追求成佛。

燃灯佛授记　佛前世为一梵志，名云童子，聪慧异常，曾在雪山上与五百婆罗门一起修行。一日，云童子来到莲花城，见众人打扫道路、张灯结彩，似乎在举行什么重大活动。一问之下，方知人们在迎接燃灯佛的到来。云童子也想去供养燃灯佛，念道：“对佛最大的供养是法供养，但我尚未悟得法义，应当以鲜花来供佛。”但国王为先占供养的功德，早已下令百姓不得私自买卖花鬘之物。云童子在城中到处访求，还是买不到鲜花。

后来，云童子在街边遇见一宫女，她秘密地将七枝莲花藏于水瓶中。在天神的助力下，水瓶放光，内外通透，云童子一见，急忙对该女说：“姑娘，我想用五百金换你的五枝莲花，拿去供养燃灯如来，可以吗？”宫女说：“五枝花为何能值五百金？你要去佛前发什么愿呢？”“无他，但求未来成佛，度化众生！”宫女一听，感动落泪，说：“若如此，愿我生生世世做你妻子，绝不反悔！”她又说：“我卖五枝花给您，另外两枝请您代我献佛吧！”

云童子持七枝莲花走到燃灯佛前，将鲜花抛向空中。神奇的一幕发生了：众人所献之花纷纷落地，唯有云童子献的七枝莲花停于空中，花蕾朝下，花茎朝上，仿佛一顶花盖，随佛而行。燃灯佛为了考验他的诚心，又在路上化出一处污泥。云童子怕玷污佛的脚，就解下鹿皮衣铺在泥上。皮衣不够大，他就披散下头发，匍匐在地，让佛踩着自己的身躯越过污秽之处。云童子发愿道：“佛祖啊，愿我在未来也能成为像您一样伟大的人，成为得到正觉、救济众生的佛陀！”

云童子发愿时，大地震动，天上放光。燃灯佛微微一笑，给予了他成佛的授记："久远阿僧祇劫之后，你将成佛，名释迦牟尼，十号具足，如我无异！"

云童子得到授记后，忽觉身心轻快、精神愉悦。他升至空中，礼拜燃灯佛。释迦前世就是这样不断地供奉诸佛，常行布施，常作功德，在无数轮回中不舍精进之心，方得最终成佛。

壁画画面：画面以立佛为主体。佛左侧上方绘一婆罗门与一女性，此为云童子与卖花女在交谈。佛左侧下方绘一婆罗门，右手举持七茎莲花供养佛陀。画面下方已残损，上方有白色榜题栏，并在空中绘五朵莲花。佛右侧上方绘一俯首礼拜者，包裹于光芒之中，此为腾空礼拜的云童子（图 97）。

六佛　六佛是释迦菩萨在最后百劫修行"相异熟业"中供奉的诸佛。这一阶段是他修行的关键阶段。在此阶段，他不但修成了三十二相八十种好的福报，而且取得了"四波罗蜜多（度）"的圆满，从而转生兜率天，成为一生补处菩萨。这六佛佛名分别是毗婆尸佛、尸弃佛、毗舍浮佛、拘留孙佛、拘那含佛、迦叶佛。龟兹石窟中可以看到表现过去六佛的造像有两种形式。一种如库木吐喇石窟窟群区新 1 窟。绘于主室穹隆顶中。穹隆顶中部为一莲花，从莲花向外辐射十一个梯形条幅。其间绘出六身立佛、五身菩萨，一佛一菩萨相间排列。

图 97　克孜尔石窟第 69 窟主室西壁“燃灯佛授记”

图 98　克孜尔石窟第 69 窟主室西壁六佛

其中佛为果位，菩萨为因位，两者间位因果关系。另外一种如本窟东壁，系采用塑绘结合的方法表现过去六佛（图 98）。

南壁门道两侧壁大部分塌毁。上方半圆端面绘佛传故事“鹿野苑初转法轮”，佛左侧绘有龟兹王及其王后供养像。

纵券顶壁面绘菱格本生故事和戒律画等，戒律画可辨识的有“沙弥守戒自杀”“溺水比丘舍身持戒”。

戒律画　属于佛教史迹故事画的一种，主要表现有关戒律的一些故事。通过讲述信众遵守或者违反戒律的行为，导致好或坏的果报的故事，使信众们弃恶趋善，更好地信仰和发展佛教。本窟中的“沙弥守戒自杀”和“溺水比丘舍身持戒”表现的就是这类故事。

1. 溺水比丘舍身持戒

有一群比丘与商人入海采宝，忽然狂风大作，商船破损，众人卷入海中。一年少比丘捉住一块木板，漂浮在水上。此时，一位上座比丘将要没入水中，慌张惊恐，他说：“少年人，还记得佛说的戒律吗？比丘要尊敬上座，你的木板应该给我呀！”年少比丘心想：“世尊确实说过此话。牺牲自我、保全他人是一件难行之事，但唯有如此，才能得到难得的果报！”于是，年少比丘就将木板让给了上座，自己却被巨浪吞没了。

海神被他的行为感动，将比丘救上岸，赞叹他护持佛戒的行为。因为比丘的功德，他的同伴和船上的财宝也全部得以保全。

壁画画面：一年少比丘双手持板，回首反顾身后的年老比丘（图 99）。

东甬道东壁绘一身立佛及一世俗人物；里端中部开一拱券顶龛，龛内塑像无存。西甬道西壁外端绘说法图，里端绘比丘。

后室塑绘结合表现涅槃。北壁下部有预留的涅槃台，台上壁面存涅槃佛的背光，背光内绘一圈大雁衔环纹。卧佛背光上方绘花树及三身举哀比丘。东端壁中部绘“密迹金刚哀恋”故事。南壁上部残存七身天人，券顶绘四身飞天。

2. 密迹金刚哀恋

佛涅槃后，密迹金刚万分悲哀，想到佛已离去，自己失去了皈依，将手中的金刚杵扔弃一旁，闷绝倒地。龟兹

图 99　克孜尔石窟第 69 窟主室券顶“溺水比丘舍身持戒”

石窟中，描绘佛涅槃时密迹金刚哀恋的图像，数量不多，本窟即为一例。画面中，密迹金刚双手交叉在胸前，金刚杵悬在面前，金刚哀绝的神情与扔弃的金刚杵一目了然（图100）。

◎不可错过：主室南壁上方“鹿野苑初转法轮”

释迦太子出家后，净饭王担心太子的安危，急忙派大臣去森林中寻找太子。大臣们找到太子后，见太子无法回心转意，就挑选了憍陈如等五人追随、服侍太子。

释迦在迦阇山中修苦行，日食一麻一米。五人也追随太子修行。六年苦行后，释迦的身体极为消瘦，他想：“六年的苦修生活，我所收获的却不如当初在阎浮树下的静坐思维，看来苦行并非解脱之道！”他走向尼连禅河洗浴身体，因过度虚弱，无法走出河水，天神使河边的树枝自动弯曲，供释迦攀缘出河。走到河边后，释迦又接受了牧羊女的乳糜供养，恢复了力气。五人见太子放弃了苦行，觉得他堕落了，于是就离弃太子到别处修行。

当夜，释迦终于在菩提树下悟道。成佛后又经梵天的劝请决定向众生讲法。释迦思维道：谁应该成为我最先度化的人呢？他想到了当初大臣派遣的五人，他们现在在波罗奈国

图 100　克孜尔石窟第 69 窟后室东端壁“密迹金刚哀恋”

的鹿野苑中。释迦就起身往那里走去。五人远远看见太子，窃窃私语："这个人已经堕落了，有什么值得尊敬呢？"但当佛走向他们时，所有人都不自觉地起身礼敬、服侍佛。佛告诉他们苦行并非通往解脱的途径，要他们舍弃苦行，追求中道。佛还为他们讲述了四谛、十二因缘、八圣道等基本原理。佛讲法时，梵天、帝释等天人纷纷前来供养，散花奏乐，歌赞佛。五人听法后心开意解，得到了阿罗汉果。这五人就是最初的五位比丘，到此佛、法、僧三宝终于齐全了。这就是"鹿野苑初转法轮"的故事。

第69窟南壁上方半圆壁面上绘制的"鹿野苑初转法轮"故事，是久远过去佛陀时代发生的事情（图101）。龟兹国王和王后却将自己也绘制于其中，实际上是将自己神话的一种方式。他们以这种方式向龟兹民众宣告，他们在久远的佛陀时代，就已经是供养闻法的国王了，他们今天的地位乃是过去信奉佛法的果报，从而为自己王权神授的权威性提供注脚。龟兹国王神话自身的倾向，不仅限于此窟。第205窟国王和王后均绘出硕大的头光，而且他们的额头中部有一道竖直的红痕（类似佛陀的白毫，象征神圣）。此外，克孜尔尕哈石窟第14窟王宫供养像下有地神托脚。

该窟"鹿野苑初转法轮"图中龟兹国王头冠上有一横列

图 101　克孜尔石窟第 69 窟主室南壁上方“鹿野苑初转法轮”

用赭石色书写的婆罗谜文字，经法国学者皮诺特释读，其大意为：“儿子为苏伐那·勃驶功德造寺。”可知第 69 窟是龟兹王的儿子为其父所建的功德窟。该王在新、旧《唐书》中有记载，高祖武德年间（618—626）曾遣使唐朝，死后其三子相继代立。长子苏伐叠继位于武德末年，后继者为次子诃黎布失毕，三子叶护则是贞观二十年（646）阿史那社尔所立。据此可大致推测洞窟的开凿年代为公元 7 世纪上半叶。

这是龟兹石窟中少数几例有题记可以确定相对准确年代的洞窟。

新 1 窟

该窟为中心柱窟，由主室、后室组成，是 1973 年克孜尔千佛洞文物管理所时期发现的新洞窟，故编号为新 1 号窟。为公元 7 世纪开凿。

主室北壁塑绘结合表现“梵天劝请”。

东、西壁上方残存固定塑像的凿孔，各壁上方各有一排方形凿孔，原插木桩，上铺木板，起到支撑木构饰件的作用。

东、西壁下方地坪上有预留的像台，台上原塑七佛，现塑像无存。

七佛　指释迦牟尼佛及在其以前出现的六位佛陀；即过去庄严劫末的毗婆尸、尸弃、毗舍浮等三佛，与现在贤劫初的拘留孙、俱那含牟尼、迦叶、释迦牟尼等四佛。这七佛皆已入灭，故又称过去七佛。

依据佛经所载，过去、现在、未来三劫之中，皆有千佛出现。其中，以上列七佛与娑婆世界因缘较深，故诸经常有所论。毗婆尸佛出现于过去九十一劫中，其次二佛出现于过去三十一劫中；后四佛则出现于现在贤劫中。

东壁里端下部绘一身立佛，佛右侧下方有一身手持灯的龟兹供养人。

东甬道券顶中脊绘天相图，从内至外依次为：日天、雨神、风神、雨神。两侧券腹绘菱格图案，菱格内绘树木和动物。

西甬道东壁下方地坪上有预留的像台，台上残存两身泥塑彩绘立佛像下身。立像旁边的壁面绘供养天人及金刚力士。西壁绘佛传故事，可识别的为婆提唎迦继位。

婆提唎迦继位　自从释迦牟尼出家后，净饭王就无心做王，召集释迦族眷属，宣布王位由婆提唎迦继承。后来，婆提唎迦王也出家，受具足戒。画面中，佛坐中间，四周围绕诸天人和弟子；其右侧前方为净饭王及其夫人双手合十礼拜佛；还有一人双膝跪地，双手捧一物。佛右侧前方为净饭王双手捧王冠，正授予跪在地上、双手作接捧王冠的婆提唎迦（图 102）。

券腹残存菱格图案。

后室北壁下部有预留的涅槃台，台上有一身形体较大的泥塑彩绘卧佛像，其塑绘风格和技法同西甬道的残存立像完全相同。塑像上方壁面绘佛头光、背光和四大天王。四天王眉头紧锁，双目直视，表现了听闻佛祖涅槃的沉重心情。

南壁绘“八王分舍利”。

顶部绘三身飞天。

图 102　克孜尔石窟新 1 窟西甬道东壁“婆提唎迦继位”

阴刻技法　克孜尔石窟壁画还有一种刻画线，大部分用于画人物的衣纹，比如东甬道南壁立佛的服饰。它是用硬尖之物，在半干未干的壁画上，刻出不深的细沟，敷色晕染后再勾色线。这种线具有连贯不断的气势和回旋运转的韵律，同时又有很强的质感，深化了平面敷彩的效果（图 103）。

◎不可错过：后室北壁彩塑佛像

本窟后室保存的涅槃佛像是龟兹地区目前保存得最好的一身彩塑佛像，精美绝伦、栩栩如生。左脚稍前，右脚稍后，做受力的中心点。佛足上的脚趾和关节清晰可见，十分逼真。

图 103　克孜尔石窟新 1 窟东甬道南壁立佛及供养人

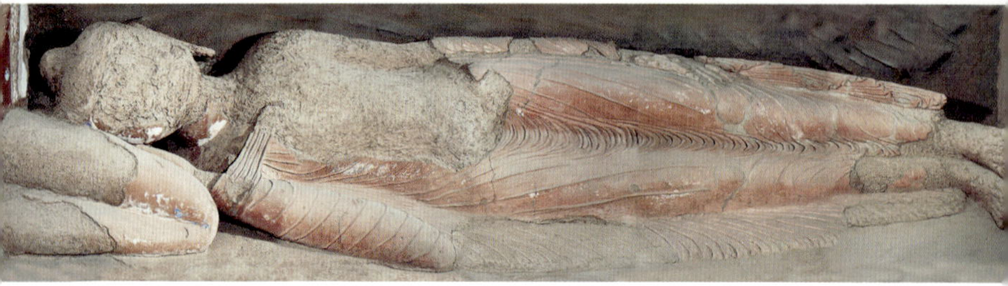

图 104　克孜尔石窟新 1 窟北甬道北壁彩绘泥塑涅槃佛像

袈裟紧裹身体，好像身穿丝绸刚从水中走出一般，衬托出佛的健壮身躯和丰美的肌肉。这种风格叫作“曹衣出水”，充分表现出人体的曲线美。轻飘透体的袈裟下摆左右两侧稍稍上扬，仿佛被一阵清风微微吹起，显得生机勃勃。在彩塑立像之间的壁面绘有天人像（仅此一身保存完好），这身天人像是以墨线勾描的，这对于克孜尔石窟壁画历来用红色勾勒人物形象的传统画法来说，可谓是一种创新（图 104）。

“曹衣出水”又称“曹家样”，是由原籍西域曹国（今乌兹别克斯坦撒马尔罕一带）的北齐曹仲达创造的中国古代人物衣服褶纹画法之一，有西域绘画的显著特点。他画佛像衣纹随着人体结构起伏转折，紧密的线条像着衣的身体刚从水中出来一样，衣服紧贴肉体，充分表现出人体的优美，世称“曹衣出水”。

◎不可错过：后室顶部飞天

这三身皆有头光，长发披肩，头戴宝冠，冠后宝缯飞扬。

袒露上身，肌肉健美，胸佩瓔珞，臂弯间饰以钏镯。披帛飘于身后，下着长裙于腰间系结。手持花盘向空中散花。由于形体较大，身躯健硕，所以给人的不是轻盈飘舞而是重坠的感觉，这是龟兹飞天与中原飞天的主要差异。龟兹的飞天双足并列或者一足跷起，身体呈大“V”字飞行，飘动的帛带增强了飞翔的动势。券顶右端绘月天，月中有白兔（图 105）。

第 77 窟

该窟为大像窟，开凿于公元 4 世纪左右，是克孜尔石窟初创期的洞窟。

该窟由主室、后室组成。

主室大部分塌毁，仅存北壁和东壁局部。

东西甬道：两壁上方各绘一列天宫伎乐，券顶绘山林禅修图。

◎不可错过：东甬道东壁上方的“兜率天天宫伎乐”

本窟的天宫伎乐以弥勒菩萨为中心，与典型的龟兹式的天宫伎乐围绕释迦牟尼不同，两侧各立梵天和帝释天。其后各立三身伎乐。这些伎乐有的怀抱乐器、有的手持花绳、有

图 105　克孜尔石窟新 1 窟后室顶部飞天

的在唱歌、有的在跳舞。他们的服饰也各有特点，姿态动作各不相同，正可谓千姿百态。

这些人物均在一个象征天宫建筑的栏楯上，除菩萨交脚坐于草团上显得端庄肃穆外，包括梵天、帝释在内的天人身体都呈曲线，展现了追求人体美的意向，特别是那位吹横笛的伎乐，身上披帛的弯曲与人体曲线正相适应，展现了边吹边摆的风姿（图 106）。

“天宫伎乐”与帝释天的“忉利天”和弥勒的“兜率天”有关，是为了表现这些天宫的“盛景妙乐”。这种表现形式，在龟兹以西地区尚未发现早于它的，故“天宫伎乐”可能产生于龟兹。龟兹音乐有久远的历史渊源，在壁画创作中，社会的习尚必然会通过画师之手反映到佛教艺术中来。

图 106　克孜尔石窟第 77 窟东甬道东壁上方“菩萨说法图”

◎不可错过：西甬道侧壁及顶部的犍陀罗艺术风格壁画

本窟壁画中人物形象具有明显的外来风格，尤其是受到了犍陀罗造型艺术的影响。虽然犍陀罗艺术主要是雕塑，但其艺术特征在龟兹壁画上也得到了反映。将本窟壁画与犍陀罗公元 3 世纪的菩萨雕像相比，有许多相近之处。如人物头部略长，五官舒展，卷发披于肩上，耳朵较长，嘴上留小髭，形体短壮，尤其是腿部较短。绘画用色偏暖，多用淡黄、红、赭石和灰色，每种颜色有多层次的浓淡变化。人体肌肉部分运用不夸张的晕染，有的近似平涂（图 107）。

壁画内容与禅修有关。表现形式以菱格山峦为主，在山峦内绘出形态各异的苦修者。如坐在蒲垫上的比丘、山洞中坐禅的满脸皱纹的老婆罗门、筋骨毕露的老比丘、结跏趺坐

图 107　克孜尔石窟第 77 窟西甬道券顶

形态似人的猿猴等。在他们周围绘出潺潺的流水和各种动物，如池中戏水的鸳鸯、张口咆哮的双尾虎、开屏的孔雀、飞翔的长尾雉、鸽子、山雀、水鸟、蛇、大角鹿以及水塘中游动的鱼等，壁画中出现的动物形象达 15 种之多。这些飞禽走兽与那些“形如枯木、心如死灰”的苦修者形成了鲜明的对比，一动一静，体现了苦修者道行之高深、不为一切身外之物所干扰的境界，正应了那句古诗“蝉噪林逾静，鸟鸣山更幽”。这种一动一静、动静结合的艺术手法，被古代的画师们运用得得心应手，进一步揭示了禅修者追求佛道的虔诚之心，为佛教艺术增加了感人的力量。

后室绘塑结合表现佛的涅槃，顶部绘伎乐天人。

◎不可错过：后室艺术特色

大像窟的后室是表现佛涅槃的，涅槃是佛教追求的最高境界。尤其龟兹又是小乘佛教的传播地，而小乘佛教又特别注重涅槃，于是便极力渲染涅槃的悲壮气氛。本窟后室比较宽阔，安置涅槃台和塑像，涅槃台上本来有一尊很大的涅槃佛像，现已毁，但壁上举哀的天人及弟子则清晰可辨。后室为盝顶，整个顶部满绘伎乐飞天。它是在梯形顶上用边饰分成若干个长方格，每个方格中绘一身天人。这些天人头部两

图 108　克孜尔石窟第 77 窟后室顶部

侧巾带飘扬，长发披肩，眼睛被画成一条线，小嘴，唇上有髭，脸形扁圆，赤裸上身。胸、腕部佩戴有饰物，下身着裙。这些飞天有手持花绳的，有挥舞彩带的，有托着花盘的，有手持莲花的，有弹箜篌的，有双手拍鼓而舞的，有双手合十礼拜的，形态各异，排列有序，一动一静。那飘逸的巾带，给人一种静中有动的美感。这些伎乐飞天为涅槃的悲壮气氛增添了生动活泼的气息（图 108）。

第 163 窟

该窟开凿于公元 6—7 世纪，纵券顶中心柱窟。

第 163 窟和第 162 窟为有共用前室的洞窟组合。在两窟的外立面北壁下部有一列方槽，这些方槽估计是原先地栿槽的部分。而在这组窟门道及窗户上方，有一横长方形方槽，该横长方形方槽内有若干椽眼和凹槽，估计是用于安装梁和椽子，以承托屋顶。这些方槽、椽孔以及槽孔可能是在原前室塌毁后修建的木构建筑，其性质相当于前廊（图 109）。

图 109　克孜尔石窟第 163 窟洞窟内景

该窟主室北壁不开龛，但原来应有塑像。主室两壁各绘八铺佛说法图，券顶中脊绘天相图，两侧券腹绘菱格因缘，最下一层半菱格内绘本生故事。

券顶因缘故事可识别的有“蛤天人闻法升天”“鼓声因缘”“战遮婆罗门女谤佛”“波塞奇画佛”“降伏醉象”。

“蛤天人闻法升天”讲述一大蟾蜍在聆听佛讲法。一位牧牛人也前来听佛说法，牧牛人将一大木棒杵蟾蜍在地面，其无力进行挣扎。佛说法毕，蟾蜍已亡，即刻转世投胎到了天界，成为天人（图 110）。

“战遮婆罗门女谤佛”阐述了害人得到报应的下场。战遮婆罗门女受外道婆罗门的指使，打算破坏佛的名誉。一天，战遮婆罗门女得知佛在为众人说法，她便将一木盆扣在肚子上，用一条绳子系住。来到佛说法的场所后，她面对听法众人拍着自己的肚子说：“我的大肚子是他所为。”众人哗然。帝释天（佛教人物之一，有三只眼，前额一只眼可观察世界一切事物）早已看出战遮婆罗门女心怀歹意，即刻变成一只小老鼠，钻进战遮婆罗门女衣服内，咬断绳子，木盆从衣服内掉了出来，暴露了战遮婆罗门女谤佛的阴谋，结果遭到了众人的唾骂。这时大地自开，战遮婆罗门女身陷其内，下入地狱。壁画将这一形象刻画得淋漓尽致，佛坐在金刚座之上，

图110　克孜尔石窟第163窟主室券顶“蛤天人闻法升天”

图 111 克孜尔石窟第 163 窟主室券顶"战遮婆罗门谤佛"

右侧为战遮婆罗门女，在她的腹体下方绘出一只小白鼠。虽笔墨不多，但一目了然，对比强烈。这一故事道出了佛教的哲理性，达到了教育的目的，警示世人以行善积德为本（图111）。

北甬道北壁绘佛涅槃，西端壁绘善爱乾闼婆王与眷属赞佛，东端壁绘大弟子迦叶，南壁绘焚棺图。东甬道东壁绘立佛，西壁绘八王分舍利。西甬道西壁绘立佛，东壁绘托塔天王。

◎不可错过：西甬道西壁奉侍诸佛

释迦牟尼前世修菩萨道时，在久远的时间中供养奉侍过大量的过去佛。诸佛均由于释迦菩萨的奉养而给他授记。授记的意义在于：佛以其无所不知的智慧，为已达不退转位的菩萨预言他未来成佛的果位，像一位导游为旅行者在地图上指出到达目的地的路线、距离以及时间的迟早，必能使听者当下断疑生信，转迷启悟，得到内心的满足，也为追随者树立了可见的榜样。此幅壁画中绘出了释迦牟尼在修行菩萨道时的过去佛，其中第一位是燃灯佛。释迦牟尼此世为修行者，他正在向燃灯佛散花供养（图112）。

图 112 克孜尔石窟第 163 窟西甬道西壁奉侍诸佛

图 1-13　克孜尔石窟第 163 窟北甬道西壁婆罗那比丘

◎不可错过：北甬道东端壁梵摩那比丘

梵摩那比丘出现在北甬道的尽头，涅槃图中佛脚侧。画师对他的形象做了非常细致的刻画：他身穿蓝色袒右式袈裟，细腻流畅的衣纹线条将他的高大身材凸显得淋漓尽致。右臂弯曲略向上，右手拇指与中指、无名指稍稍弯曲、触碰呈“听法印”；左臂自然地轻轻放于腰胯之间，微微向左坐胯，体态婀娜。他头顶有肉髻，眉目清秀，长相俊朗，面向佛涅槃的一侧，神情泰然。这一系列的动作、神情体现出他对涅槃的深层次理解（图 113）。《佛说长阿含经》卷三中记载，当佛将涅槃时，梵摩那比丘在佛前执扇扇佛。佛言：“汝却，勿在吾前……今佛灭度，诸天要奉观，该比丘因于往昔曾手执草炬供养毗婆尸佛塔，今威德光明瑛蔽。”使诸天“不得亲近礼拜供养”世尊，因而“皆嫌此比丘当佛前立”。原来他是功德很高的比丘，但由于光芒太过“夺目”，使得大家不能亲近供养，才将他“赶”到一侧的。画师对他进行了细致传神的刻画，使他即使在这样的一个“角落”，依然表现得十分“抢眼”！

第 167 窟

该窟开凿于公元 7 世纪左右，套斗顶方形窟。

第 167 窟是一个七重套斗顶方形窟。南壁塌毁无存。北壁和东、西壁上部绘一条色带，中部绘两列菱格纹饰带将壁面分为上下两部分，下部壁面涂层剥落。东壁中部开一拱券顶龛，龛内两侧壁中部各设一阶叠涩。顶部保存较好，为套斗顶。

◎不可错过：套斗顶

虽然有一定程度的熏黑，但依然能看到第一层套斗平面上所绘的四方连续“万”字纹和其他几种纹饰图案；这些纹饰中间绘以小花朵，视觉效果清新自然。在套斗第二层的四角分别绘有双头金翅鸟。金翅鸟为佛教的八部护法神之一，每口以毒龙为食。金翅鸟一般出现在天相图中，其形象为口叼或抓着蛇形龙（图 114）。

本窟顶部的形制与阿富汗巴米扬石窟窟顶的套斗建筑样式相同。

据有关学者统计，巴米扬石窟中套斗顶石窟共有 26 个，其中套斗顶正方形窟 16 个，球面套斗顶八边形窟 8 个，套斗顶长方形窟 1 个，套斗拱券顶长方形窟 1 个，在这一地区

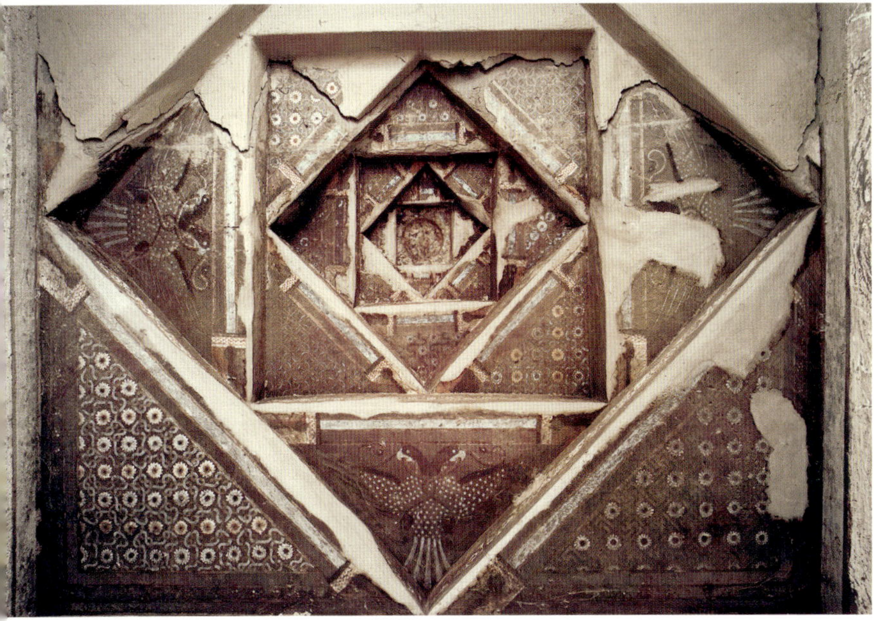

图 114　克孜尔石窟第 167 窟主室套斗顶

非常流行。龟兹石窟中的套斗式主要出现在方形窟和中心柱窟中，形式有五重套、六重套、七重套三种，不是木构搭建，而是直接在石窟顶凿出。不过，就形式的基本特点而言，其来源于阿富汗地区这一说法当没有异议。

第 171 窟

该窟开凿于公元 5 世纪左右，为纵券顶中心柱式窟（图 115）。

图 115　克孜尔石窟第 171 窟内景

图 116　克孜尔石窟第 171 窟主室券顶“鸽焚身施迷路人

前室已毁。

主室北壁开拱券顶龛，佛像已毁。龛内正壁绘佛光，两壁壁画大部分脱落；龛外浮塑须弥山。

主室券顶中脊绘天相图。左右券腹各绘六列菱格因缘故事画及一列半菱格本生故事画。可识别的因缘故事画有“女人误系小儿入井”“提婆达多砸佛”等；可识别的本生故事画有“狮王舍身不失信”“鸽焚身施迷路人”等。

鸽焚身施迷路人　佛于无数劫前为鸽子，见一人迷路于荒野饥寒难耐，心生怜悯，即衔来柴草为其生火取暖。迷路人感激不已，取暖时随口说饥饿难忍，鸽子即跳入火中以自己的身体供其食用（图 116）。

女人误系小儿入井　一女抱儿持瓶于井边汲水，至井处见一年轻貌美男子于井边弹琴歌唱，遂迷于男子美貌与声色，心神恍惚，误将其子作为水瓶，系绳颈部坠入井内。佛以此事告诫弟子不可沉迷于声色（图 117）。

提婆达多砸佛　提婆达多本是佛的堂弟，因精进佛法 12 年未得正果而心存恨意，多次设计害佛，没有得逞。最后趁佛禅定时欲以一巨石砸佛，佛以法力使巨石落地，只伤到佛的脚趾。提婆达多因数次设计害佛受到报应，晚年病入膏肓痛苦不堪，死后坠入阿鼻狱经受无边痛苦折磨（图

图 117　克孜尔石窟第 171 窟主室券顶“女人裸系小儿入井”

118）。

东、西壁各绘两栏因缘佛传图，每栏三铺，上下左右均有边界，共 12 幅。其中，可辨认的有“迦叶皈依”。

迦叶皈依　迦叶本是优楼频螺村婆罗门，修习苦行，奉司水火事，将佛视为旁门左道。一日佛游化于迦叶处，迦叶诱佛居于有火龙出没的石室居住，并将房门紧锁，想要置之死地。夜里火龙出来作怪，噪声大作，迦叶暗自得意，以为自己计谋得逞。不料，第二天却看见佛不仅安然无恙地端坐石室，还降伏了火龙——把它变成一条小蛇置于钵盂之中。迦叶惊叹于佛的法力，立刻跪倒在地皈依了佛教，从此再无二心，以后毕生心血只为弘扬佛法（图 119）。

主室南壁中部为门道。门道外东侧壁下部为一身比丘和两身龟兹供养人，上部绘一铺因缘佛传；西侧壁下部为三身龟兹供养人，上部绘一铺因缘佛传。南壁上部绘莲花纹。门道上方半圆端面为“弥勒兜率天宫说法图”。

供养人像　主室南壁东侧壁面下部供养人头发短而整齐，符合史书中龟兹人皆剪发齐项，唯国王不剪发的记载。西侧壁面下部三身供养人虽破坏较严重，但能分辨出是一男两女，均有头光，服饰华丽，女性形象的供养人手执璎珞供养。根据这些细节来看，这些供养人应该是当时龟兹国地位

图118 克孜尔石窟第171窟主室券顶"提婆达多砸佛"

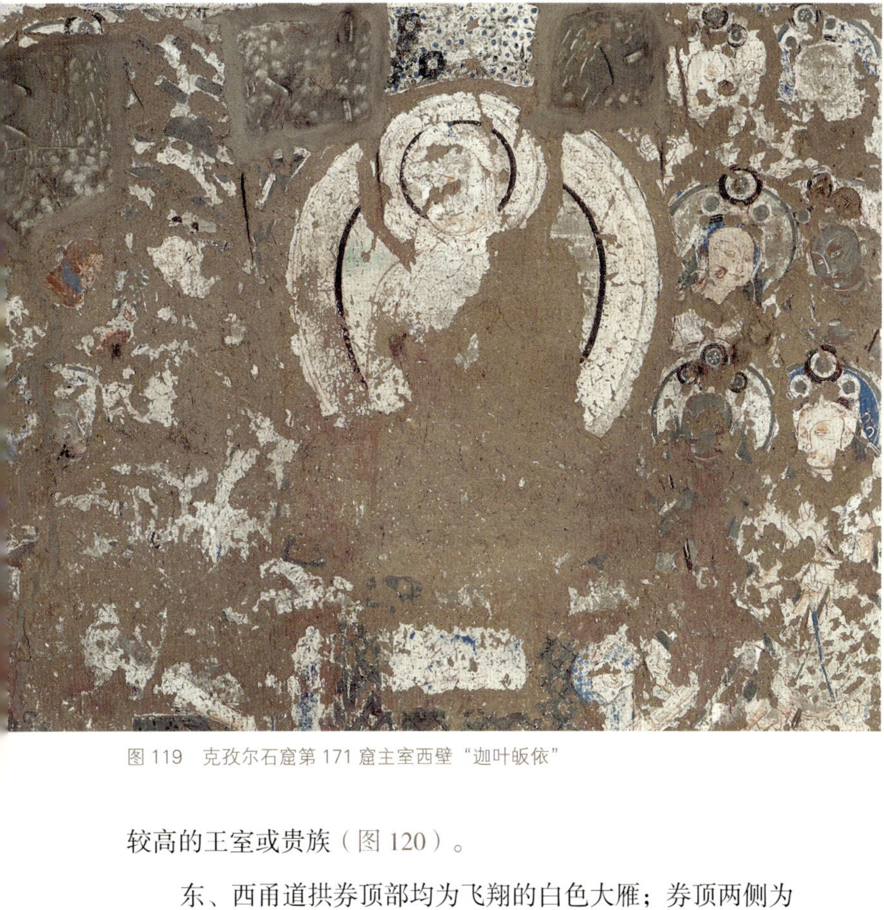

图 119　克孜尔石窟第 171 窟主室西壁“迦叶皈依”

较高的王室或贵族（图 120）。

东、西甬道拱券顶部均为飞翔的白色大雁；券顶两侧为菱格图案；侧壁为双幡覆钵式舍利塔，有部分壁画被揭取。

北甬道西壁绘“涅槃图”；西端壁绘善爱乾闼婆王及眷属。

◎不可错过：度化善爱乾闼婆王及眷属（图 121）

据佛经记载，善爱乾达婆王因为觉得自己音乐造诣高，

图 120　克孜尔石窟第 171 窟主室南壁龟兹供养人

图 121　克孜尔石窟第 171 窟北甬道西端壁度化善爱乾闼婆王

所以内心对佛并不认同。佛在度化苏跋陀罗后，觉得也应该度化善爱乾闼婆王，便化身作乾闼婆王前往善爱乾闼婆王的住处。善爱乾闼婆王见佛后，非常惊讶，就提出与佛比试箜篌。起先，两人水平相当，无法决出高低。后来他们的箜篌弦都断后，佛弹出了比先前水平还高的乐声，而善爱乾闼婆王却不能，两者高下立判。佛现出自己的本来面目。善爱乾闼婆王非常震撼。佛因势利导，给善爱乾闼婆王讲解佛教的教义。善爱乾闼婆王信服，皈依了佛教。图中乾闼婆王头戴宝冠，立姿，上身袒露，腰系短裙，左臂搭在其眷属肩上。其眷属头戴宝冠，上穿圆领紧身宽袖衫，下着透明带花边的裙裤，外套短裙。左臂携箜篌，右手作弹拨状。

第 175 窟

中心柱窟，开凿于公元 6 世纪（图 122）。

洞窟由主室和后室组成。主室北壁绘塑结合表现帝释窟说法。两壁壁画大部被揭取。券顶中脊绘“天相图”，两侧券腹绘“梵志燃灯”等因缘故事和“九色鹿”等本生故事。

图 122　克孜尔石窟第 175 窟内景

1. 梵志燃灯

画面为佛左侧有一个头顶一灯、两手各高举一灯的比丘，右侧坐一左手拿拂尘、右手拿金刚杵的金刚。故事内容是：菩萨的前世曾经是梵志。当时世间有佛，众人用各种物品作为供养，就是没人用灯供养。梵志就用麻油膏浸泡全身，白布包头，然后点燃自己，以身作灯，向佛作供养。燃了一夜，他的身体没受一点伤害，心意在七天七夜里没有一丝动摇。佛为他授决，无数劫后童子当作佛，号曰锭光，救济无量众生（图 123）。

图 123　克孜尔石窟第 175 窟主室券顶“梵志燃灯”

2. 九色鹿本生

过去，有一头九色鹿，毛呈九种颜色，角洁白如雪。

有一人不慎落入水中，水流非常湍急，他的生命危在旦夕。

九色鹿闻声赶来，把溺水人救到岸上。溺水人连忙叩头道："为报你的救命之恩，我愿做你的奴仆。"九色鹿说："不用这样，你只要不向外人说出我的住处，就算对我最大的报答了。"溺水人点头答应了。

王后睡梦中，梦见一头九色鹿，醒后卧病不起。王后对国王说："我昨夜梦见稀有之鹿，我盼望用它的皮做垫褥，用它的角作拂柄，希望国王为我寻觅。如得不到我便会死去。"

国王随即在全国颁布诏令："有谁能抓到九色鹿，我就把国家分给他一半，并赐给他金银财宝。"

很快，诏令就传到了溺水人耳中，他因贪图钱财心生恶念，把士兵带到了九色鹿的出入之地。大批的士兵把九色鹿团团围住，把它抓住，带回宫中。九色鹿来到宫中，看到溺水人也在那儿，双眼垂泪，不能自止。国王问它为何难过，九色鹿说出了事情的经过。国王甚感愤怒，谴责溺水人忘恩负义，立刻命令全国上下不得捕杀鹿。从此，国家风调雨顺，人无疾病灾害，天下尽享太平（图 124）。

图 124　克孜尔石窟第 175 窟主室券顶“九色鹿本生”

东、西甬道侧壁绘塑本生故事、佛传故事、供养比丘、天人、五趣轮回图。佛传故事有“提婆达多砸佛”“降服火龙”“众魔怖佛”等。北甬道绘“树下诞生”“七步宣言”“阿私陀占相”“出游四门”“焚棺”“涅槃”“八王分舍利”等佛传故事。

焚棺　画面中佛右胁而卧躺在龙头棺中，棺盖微启，可见世尊身上缠着布条。棺下牛头檀木熊熊燃烧。棺前方跪一比丘作礼拜状，后方一比丘肩扛一物向棺材飞来（图 125）。故事内容是：佛涅槃后，依照佛的遗愿对其进行火化，

图 125　克孜尔石窟第 175 窟后室南壁“焚棺图”（局部）

但是怎么也点不着。迦叶告诉众人说：“圣人宝棺，三界之中的火焰是不能将其燃烧的。”当时城内的男女大众沉重悲哀，各自以所拿的香花号泣供养，从右绕金棺七圈，向佛礼拜悲号大哭，哭声震动大千世界，众人全都哭昏倒在地上。当时如来以其神力，从心胸之中释放火焰越出棺外，渐渐自焚，经过七天焚烧，方才烧尽。当时四大天王、天神都想为自己留点舍利以作供养，便都向火中浇水，但是火焰反而更加旺盛。四大天王、各天神立刻明白佛想让舍利留存世间，便离开那里，返回了各自宫殿。

◎不可错过：东甬道西壁“五趣轮回图”

佛教认为世间众生随其所做的业而流转于生死痛苦之中，犹如车轮一般无穷尽地转动，永不停歇。轮回的区域有“五趣”和“六趣”之说。趣，即众生轮回的空间。五趣分别是：天趣（指欲界、色界、无色界等诸天，生活其中的有情身、有光明，果报最胜）、人趣（人类居住的空间）、饿鬼趣（生活在此趣的众生，羸瘦丑恶，见者畏惧，没有东西可吃，或居海底，或近山林，乐少苦多，寿长劫远）、畜生趣（生活在此趣的生灵，身上披毛、头上戴角，身上有鳞甲羽毛，四足或多足，有足或无足，生活在水上、陆地、天空等）、地狱趣（此趣在大地之下、铁围山间，有八寒八热等狱，生活在此趣的众生受尽各种无法忍受的痛苦）。做善业受善报，死后受生于天趣和人趣，得人天最胜果报；做恶业受恶报，来生将变为畜生、饿鬼或入地狱，受种种苦刑。人天果报虽有乐事，但都是短暂的，仍不能摆脱生死轮回的痛苦，唯有通过出家修道，破除“无明”，在生命将要结束的时候，使精神进入一种完全寂灭状态之中，做到身心俱灭，也就是所谓“涅槃”，才能不受业的支配和束缚，最终从生死轮回的痛苦深渊中解脱出来。

图 126　克孜尔石窟第 175 窟东甬道西壁“五趣轮回图”

画面中间是一身着袒右袈裟、结跏趺坐佛。佛的左手下垂拈袈裟一角，右手持说法印。佛两侧下方各绘两身闻法天人（左侧两身脱落）。以佛为中心，用两条平行细密的线将壁面绘成三圈，在每圈内又以若干小佛相间隔，从内向外分绘天、人、饿鬼、畜生、地狱“五趣”内容。本图构图精巧，人物造型准确，用线紧劲，晕染适当，实为龟兹艺术的精品（图 126）。

◎不可错过：北甬道东、西端壁上方半圆端面佛传故事

1. 树下诞生

画面中一妇女立于大树下，右胁下生出一婴儿，又一人跪在妇女的右下方，双手拿缯欲接婴儿。妇女身后站立一人在扶着她（图 127）。故事内容是：摩耶夫人怀胎十月快分娩的时候，带着宫女到了蓝毗尼国，她们十分安详地缓慢散步，到处观看景致。园中有一棵大树，名波罗义，树枝柔软低垂。摩耶夫人觉得很美，便举起右手抓住树枝，于是太子就从右胁下诞生。太子刚出生时就释放出光明，所有天界世间都立刻被充分照耀。当时，帝释天从天而降，用天缯承接太子。

2. 脚下生莲

太子诞生后就下地行走，双足离地四寸，下面托着莲花。他向四方各走七步，一步一朵莲花，说道："天上、天下，唯我独尊。今兹而往，生分已尽。"（图 128）

3. 出游四门

这是克孜尔石窟中绘制的龟兹风格的壁画（图 129）。故事大意：悉达多太子在一次偶然出游时，在城市的四门见到了人的生、老、病、死四种状态，感到了人生的悲苦，遂决定出家。画面中的老者瘦骨嶙峋，画家用紧劲有力的线条结合浓淡相宜的晕染加以表现，人物形象跃然纸上。

图 127　克孜尔石窟第 175 窟后室东端壁上方半圆壁面“树下诞生”

图 128　克孜尔石窟第 175 窟后室东端壁上方半圆壁面“脚下生莲”

图 129　克孜尔石窟第 175 窟后室西端壁上方半圆壁面“出游四门”

第 180 窟

中心柱窟，纵券顶，开凿于公元 8 世纪（图 130）。

洞窟由前室、主室和后室组成，前室前部塌毁，纵券顶。残存各壁绘方格坐佛。主室纵券顶，北壁开龛，内安置塑像。两壁各开一龛，龛内置塑像。东、西和北甬道是为围绕中心柱做礼拜而开凿的三段甬道，均为券顶。券顶中脊绘忍冬纹，券腹绘方格坐佛。其余各壁下部绘垂帐纹，上部绘方格坐佛。

本窟开凿于中唐，这个时期唐王朝先后统治龟兹达 100

图 130　克孜尔石窟第 180 窟内景

多年，中原佛教也随之西传，大量反映大乘佛教信仰的汉寺在西域建立起来。此外，与龟兹关系紧密的于阗大乘佛教也持续不断地发挥着对龟兹佛教的影响作用。大乘佛教宣扬“人人都有佛性，都可以成佛”，强调“自利利他”和“入世”观念。这种观念与以克孜尔石窟为代表的小乘“灭身灭智”、追求个人自我解脱的观念相对立，其结果导致了对出家修道、深山苦行、离尘厌世的扬弃。同时，人们已不再愿意长途跋涉、翻山越岭去深山石窟礼佛供养。于是，龟兹都城附近的寺院与石窟随之兴旺，像克孜尔石窟这样远离龟兹都城、交通又不便的地方，就逐步失去了吸引力。信仰小乘观念的僧侣日益减少；改宗大乘的僧侣或者在克孜尔石窟修建反映大乘佛教信仰的洞窟，或者就另投他寺。克孜尔石窟就这样走向了最后的废弃。

这个时期克孜尔艺术走向了它的衰落期，新出现了反映大乘佛教千佛题材的壁画。绘画技法简略粗糙，用色单调少变。人物造型基本上是龟兹式的，但头部略长，五官较舒展。菩萨服饰简化，身上的披帛也无飘动之感。飞天造型刻板，姿态一律。人物肌体晕染粗糙，有的近乎平涂，立体感不强。

◎不可错过：各壁方格千佛

大乘佛教认为，宇宙在时间上是无限的，但是世界发展是有周期性的，每一周期要经历成、住、坏、空四个阶段，时间大约为一百二十八亿年，称为大劫（劫，即劫波，佛教所说很长的岁月，有大劫、小劫之分）。每一劫中，都有千人成佛，过去“庄严劫”如此，现在“贤劫”如此，未来“星宿劫”亦如此。中国石窟中一般表现的千佛是贤劫千佛，贤劫就是此世界现在这段时间。佛经记载，贤劫中有千人作佛。

在克孜尔石窟的晚期洞窟中，千佛像逐渐替代了早期洞窟中的“唯礼释迦”内容，成为主要题材，反映了大乘佛教“众生皆有佛性，皆可成佛”思想的盛行。

图 131　克孜尔石窟第 180 窟主室东壁方格坐佛

图 132　克孜尔石窟第 180 窟甬道券顶中脊忍冬纹

本窟各壁绘方格坐佛，属龟兹风格的千佛（图 131）。在用色上，千佛的袈裟、头光、背光色彩变化较多，主要以暖色调为主，千佛壁画整体富有图案般的装饰效果。佛像袈裟依然用线勾出，显示出龟兹壁画对线的重视。

◎不可错过：甬道券顶中脊忍冬纹

忍冬，又名金银花，常绿缠绕小灌木，叶为长椭圆形，对生，在我国早有栽培。其实我们稍做形态上的分析，就会发现所谓的“忍冬纹”与植物科的忍冬有着很大的区别。之所以称为“忍冬纹”，大概是因为忍冬纹的自由波动的姿态与植物忍冬“附树蔓延”的茎以及旺盛的生长能力有关，而并不是对自然界真实忍冬原型的临摹。这种广为流行的纹样

或可称为“叶纹”。这种叶纹的样式类型很多，其原型可能来自西方的棕榈、苣苕叶、椰枣叶、葡萄叶等。东汉时期，随着丝绸之路的开通，佛教东渐，叶纹装饰开始大量进入中土，首先出现在我国的新疆地区。在南疆的楼兰、丹丹乌里克、尼雅等地流行着与犍陀罗的葡萄叶纹相近的叶纹纹样。东晋十六国时期，叶纹开始在汉地流行，南北朝时期最为发达。在敦煌莫高窟北朝时期的壁画上，叶纹是最主要的装饰纹样，通常人们将之称为“忍冬纹”。中古时期在欧亚大陆上流行的叶纹或忍冬纹，并不是对希腊罗马样式的重复模仿，也不是对希腊系艺术强势侵袭的被动接受，而是建立在自己民族艺术基础上，创造性地、改良性地接受。因此，叶纹在进入中国新疆后，也进行着这种自身的民族化嬗变（图 132）。

图 133　克孜尔石窟第 186 窟内景

第 186 窟

这是一个纵券顶中心柱窟，开凿年代约公元 7 世纪（图 133）。

前室已毁，主室和后室保留完整。主室北壁的主龛上方出现的三个小龛，排列成“品”字形，周围均绘因缘故事，有“小儿鼗鼓踊戏”等。

主室券顶绘因缘故事，画面的布局与谷西区略有差异。佛坐在双幡覆钵式的舍利塔中，他的左、右两边分别有一个人物，或者一人一动物。而在谷西区的洞窟里，基本是佛坐在菱格里。券腹最下一列绘本生故事，壁画中可识别的因缘故事有“净居天洗佛”“醉象刺佛”“蛤天人闻法升天”“女人误系小儿入井”“摩因提女”“舞师女皈依”“鼓声因缘”“乾闼婆王作乐赞佛”等。本生故事有“鸽焚身施迷路人”“摩因提女故事”。

摩因提女故事

古印度俱卢国有个婆罗门叫摩因提，他有一女，生得端庄美丽，举世无双。国王太子、大臣长者先后来求婚，摩因提都没有答应，并说：只有人品相貌配得上我女儿的才能娶她为妻。但是，当他见到佛时，认为这就是他心目中女婿的理想人选。他便把女儿带到了佛那里，希望佛能娶了自己的女儿。佛给他讲了人生无常的道理，摩因提和他的女儿领悟，而后皈依了佛教（图 134）。

南壁门道上方半圆端面绘菱格因缘画，可辨识的有“四蛇喻”。

东、西、北甬道两壁及后室各壁均绘双幡覆钵式舍利塔，塔中坐有一佛。券顶均绘菱格的动、植物画。

图 134　克孜尔石窟第 186 窟主室券顶“摩因提女故事”

◎不可错过：主室北壁“小儿鼗鼓踊戏”

从前，菩萨作帝释天时，见到以前的老友投生为商人妇。于是，帝释天化作商人，来到妇人的住处。

妇人见了客人很高兴，忙叫小儿搬来凳子给他坐。商人仔细地打量妇人后，对着她笑，妇人心存不快。商人见旁边有一个小孩在玩耍鼗鼓，又对着他笑了起来。见一老者生病了，其儿要宰牛来祭祀鬼神，祈求平安，商人又笑了。妇人就问道：“你来到我的住处后，为何笑个不停呢？”

于是，商人为她细说因缘道：“我笑那个搬凳子的小儿，是因为他前世是你的父亲，一世之隔，你竟有父不识；那个玩鼗鼓的小孩本是牛托生的，你家用牛皮做鼓，小孩敲鼓玩耍，却不知此皮就是他的故体，所以我才笑他；而那个杀牛为父祈祷的，不知杀牛祈求治病甚是不祥，其父会转世为牛，受无情地宰杀；而那头牛即将转世为人，免受耕种之苦，所以我才笑他。”

佛告诉众弟子：那时的商人妇就是弥勒，帝释天（商人）就是他自己（图 135）。

故事画中的伎乐形象还反映了西域与中原文化的交流。鼗鼓是中原周代就有的乐器，用于宗庙祭祀的“雅乐”里。鸡娄鼓则源于印度，随佛教传入西域。鸡娄鼓之名，显然是

图 135 克孜尔石窟第 186 窟主室北壁“小儿鼗鼓踊戏”

图 136　克孜尔石窟第 186 窟主室南壁门道上方“四蛇喻”

翻译者以鼓之形状而命名的。大约在西汉时期，中原的鞚鼓传到了西域各地，并在不同地区发生了有趣的变化，即把鞚鼓和鸡娄鼓合为一人演奏。后来，这种组合演奏的方式又传到中原地区，在唐初敦煌壁画中就出现了这两种乐器合奏的画面。

◎不可错过：主室南壁门道上方“四蛇喻”

画面中，佛的一边坐一比丘，另一边放着一个箱子，箱盖开着，露出很多蛇头（图 136）。该故事讲的是佛在拘炎弥国瞿师罗园告知诸比丘，有位男子在一箱子里养了四条毒蛇，有人提醒男子，蛇如果恼怒了可能会咬死人，让他最好防备着点。男子听了感到害怕，丢下蛇就跑了。忽然又有五个强盗拔刀追逐上来，男子愈加恐惧，疾驰而逃。又有人告诉男子，还有六个贼人，紧随着他，伺机要杀他。男子赶紧躲到一座空村中，但村子中的一切，皆是腐朽不坚之物。这时又有人对男子说，这里是贼窝，必定会有人伤害你。男子继续逃跑，被一条水流湍急的大河挡住了去路。男子用木头当作筏，奋力划水渡河，终于逃离此岸的种种恐怖，安全到达彼岸。佛解释说：箱子象征着人的身体，四蛇象征着地、水、风、火四种元素，五个强盗象征色、受、想、行、识“五蕴”，六个贼人是“六根”的喜爱，“空村”是“内六入”的象征（眼、耳、鼻、舌、身、意“六根”），空村中的贼人是“外六入”（色、身、香、味、触、法“六境”）等。此岸的种种恐怖是有身，彼岸的安全快乐是无余涅槃，手脚奋力划水渡河是勇猛精进地到达彼岸极乐世界。这个故事用箱子装四蛇比喻人身只不过是地、水、火、风四种元素的暂时聚合体，四大不调就生病，四大离散就死亡，以此说明人生无常、不实、受苦，从而引发人们的出世智慧。

第 188 窟

这是个长方形纵券顶窟，开凿年代为公元 7 世纪左右（图

图 137　克孜尔石窟第 188 窟内景

137）。

第 188 窟主室坍圮，北和东西壁绘立佛，等人高，现保存有九身。立佛左下角各绘出一供养天人，佛肩部左侧绘护法金刚。画面较好的天人和金刚力士已被德国人盗走十一身，刀痕历历在目，惨不忍睹。

该窟主室北壁上方半圆端面绘频婆娑罗王皈佛（图138）。

频婆娑罗王皈佛　频婆娑罗王是印度摩揭陀国国王。在释迦牟尼成佛前，频婆娑罗王曾祈请释迦牟尼成道后先到摩

图 138　克孜尔石窟第 188 窟主室北壁上方半圆端面绘“频婆娑罗王皈佛”

揭陀首府王舍城受王供养。释迦牟尼成道后即先到王舍城说法。频婆娑罗王于迦兰陀建竹林精舍，供佛与弟子居住。当时，在佛陀身旁的有大弟子欝毗罗迦叶（优楼频螺迦叶），其是摩揭陀国备受尊敬的人，频婆娑罗王等疑惑佛与迦叶谁者为师。佛知其意，即让迦叶说明皈依佛法的因缘，并让迦叶显示神通。最后，佛为频婆娑罗王说无常法等，频婆娑罗王最后成为不出家修行的优婆塞。

券顶绘菱格因缘和本生，保存较好的因缘有 21 幅，可识读的有“梵志燃灯”“贫女难陀以灯供养缘”“提婆达多砸佛”“幡供养”等。本生故事有“菩萨行慈不怖众生”“蛇本生”“鸽王本生”“熊救樵人被害”“猴王本生”“猕猴王智斗水妖”等。

◎不可错过：主室券顶菱格因缘本生故事

1. 贫女难陀以灯供养缘

画面为一女子双腿跪地，双手持灯供佛（图 139）。故事内容为：一位非常贫穷的女子难陀，一心想供奉佛，可由于贫穷不知道用什么可以供佛。当她无意中看见别人用灯供养佛时，于是为了能听到佛法，就下定决心到处行乞，终于讨得些钱，就赶紧去买油供养。油主得知后，非常怜悯她，就多多地给她加足油做了一盏灯。当晚，难陀拿着点燃的灯来到佛前，没想到别人的灯立即变得昏暗，自己的灯却独自明亮。就这样，难陀如愿得到了佛法。

2. 菩萨行慈不怖众生

故事讲过去一菩萨在深山修行，不知过了多久，自己已与周边的林木、杂草融为一体。一对可爱的小鸟在菩萨头上搭起小屋作为它们的新房，后来它们就有了爱的结晶。仁慈的菩萨为了新的生命没有移动身体，一直陪伴小生命，直到他们离去才结束了修行，起身离去（图 140）。

图 139　克孜尔石窟第 188 窟主室券顶“贫女难陀以灯供养缘”

图 140　克孜尔石窟第 188 窟主室券顶“菩萨行慈不怖众生”

3. 熊救樵人被害

过去一狗熊在深山修行时，救了一樵夫。狗熊为了保住秘密，不让他人知晓，与樵夫达成协议，樵夫承诺不会说出狗熊的住所。结果樵夫经不住诱惑、利欲熏心，出卖了善良的狗熊。背叛者没有好的下场，樵夫双手自动落地，得到了应有的报应，应验了“善有善报，恶有恶报，不是不报，时候未到”的论断（图 141）。

第 189 窟

这是一个由僧房窟的主室改建而成的方形窟。僧房窟的年代较早，因此该窟是个早期开凿、晚期绘画的洞窟。方形窟的年代大致定为公元 7 世纪。

现在的入口是 1954 年将第 190 窟（也就是最初的僧房窟的甬道）恢复为第 189 窟的入口，把第 189 窟的入口恢复为明窗，又还原成了建窟时僧房窟的原型。

主室南壁门道上方绘一幅较小的涅槃图，也是这个窟比较特别之处。一般涅槃图都出现在中心柱窟的后室，随着佛教的进一步发展，方形窟中也出现了涅槃图，且一般都绘在主室南壁。这幅画保存较完整。涅槃佛周围是举哀天人及其弟子。

图 141　克孜尔石窟第 188 窟主室券顶“熊救樵人被害”

南壁画面下方有一列龟兹供养人，现残存五身。这些供养人着翻领、折襟、窄袖服，束腰带，腰间佩有宝剑，双手合十捧一长茎花。供养人服装上有的画出斜方格子，有的在领口、襟摆间镶花边，双足着靴，打扮得非常考究。

主室东、西壁各绘两栏因缘佛传图，每栏四铺。壁画一部分被揭走，一部分脱落。东壁还露出原来的僧房窟的壁炉痕迹。西壁可识别的佛传故事有“鹿野苑初转法轮”。

1. 鹿野苑初转法轮

画面为：坐佛的左右有五身比丘合掌听法，上有诸天侍卫。佛座前所绘的三宝标和对卧的双鹿，表明这是佛成道后，受梵天的劝请，初次在鹿野苑为其弟子憍陈如、跋提、十力迦叶和摩诃男拘利等五人传授佛所主张的“八正道”，即：正见、正思惟、正语、正业、正命、正精进、正念、正定。接着又讲了自己所悟得的苦、集、灭、道四圣谛法，也就是佛教的四种基本道理（图 142）。

主室顶为穹隆顶，顶中央为一大坐佛，坐佛手中托着一钵，钵里有一条龙，从里向外依次绘出五圈方格小坐佛。描绘的是“降伏火龙”佛传故事（图 143）。

佛在传法时，听说了外道迦叶三兄弟。他打算度化他们，便去了长兄优楼频螺迦叶的住所。晚上，佛留宿在祭奠火神

图 142　克孜尔石窟第 189 窟主室西壁“鹿野苑初转法轮”

图 143　克孜尔石窟第 189 窟主室穹隆顶“降伏火龙”

的草堂内。

优楼频螺迦叶同意佛留宿，又忙吩咐弟子收拾房间。佛对优楼频螺迦叶说：“你们不必麻烦，我可以在那间祭祀火神的草堂住宿就行。”优楼频螺迦叶说：“那间草堂非常清洁，又在寂静处，只是草堂内有一条恶龙居住，您如果住在里面恐受其害。”

佛微笑着说：“不碍事，有恶龙也可以住的。”长兄迦叶只好再三嘱咐佛要当心恶龙。佛抓了一把草进入草堂，铺在地上，结跏趺坐，进入禅定。

此时恶龙出外觅食返回，进入草堂，看到佛，毒心转盛，现出巨大身躯，通体冒烟，口中喷火。佛微笑着入于火光中，毫无损伤。守在屋外观察草堂动静的长兄迦叶倒是十分着急，忙命令弟子提水救火，无奈那恶龙的邪火越烧越旺，而佛却在火光中熙怡微笑，给火龙教授佛法，历数它的因果业报。毒龙惭愧不已，收了毒火，请求佛收为弟子，世尊便为它授了“三皈依”。

佛传故事周围的小坐佛坐在莲花座上，有项光、背光。衣着有穿袒右袈裟的、有穿双领下垂袈裟的，还有穿通肩袈裟的，他们三个一组，按序排列而成。小千佛的衣服无褶襞，表情呆滞，毫无生机。由此，进一步说明这个窟是个晚期绘

图 144　克孜尔石窟第 189 窟主室穹隆顶千佛

画的洞窟，从佛教美术的角度来讲，几乎所有的千佛都是从一个模子里印出来的，呆板、贫乏、空洞、无力，公式化、概念化极为明显（图 144）。

◎不可错过：主室西壁金刚和礼佛天人

此身金刚艺术水平极高。他面容严肃，面向佛陀，似在听法。左手执金刚杵，又显示了他的护法身份。人物面部、上半身均采用了晕染的方法加以表现，凸显了人物肌肉的立体感，给人勇武有力的感觉（图 145）。

图 145 克孜尔石窟第 189 窟主室西壁金刚

图 146 克孜尔石窟第 189 窟主室西壁礼佛天人

本窟壁画中的礼佛天人是龟兹石窟人体画的代表作之一。佛教石窟壁画中出现裸体形象，主要有两个方面的原因：首先，它是佛教宣传教义的需要。在这些故事中采用裸体女性，是为了说明佛教义理。即：尽管这些裸体外相很美，却是“放纵”“骄慢”“无度”等贪欲行为的结果，是苦的根源，必须通过戒、定、慧加以消除。其次，它是印度文化的影响。古代印度地区气候温暖湿润，人们衣着很少，佛教艺术中常出现裸体造型。龟兹佛教艺术受其影响，出现裸体是很正常的（图 146）。

第 196 窟

约建于公元 6 世纪，纵券顶中心柱窟（图 147）。

前室塌毁，存有主室和后室。洞窟地坪上的石膏涂层保存尚好，中心柱前残存有方形围栏遗迹。

主室北壁开龛，龛内正壁有四列察合台文字；龛上方保存有较完整的浮塑须弥山；龛下方有“品”字形分布的三个小浅龛，龛中原有影塑的小佛像，现已无存。

须弥山　是古印度传说中的圣山。佛教认为，须弥山是诸山之王、世界的中心。以须弥山为中心、铁围山为外缘的

图 147　克孜尔石窟第 196 窟内景

一千个小千世界、一千个中千世界、一千个大千世界合成了三千大千世界，泛指为广大纷繁世界。通称大千世界，也就是佛教化的众生世界。因此，须弥山一定是和释迦牟尼同时出现的，本窟的须弥山是克孜尔石窟中保存比较完整的泥塑彩绘山峦。

主室券顶中脊绘一行大雁，大雁的两侧各绘一列菱格，每个菱格内绘一身飞天或伎乐天。两侧券腹各绘五列菱格因缘故事，每列七八幅不等。

主室券顶残留的因缘故事有“波塞奇画佛”“王女牟尼燃灯供养”“降伏火龙”等。

王女牟尼燃灯供养

过去宝髻佛时代有一比丘名圣友，欲为佛作灯檀越，于是日日入城乞求灯油灯具。城中有王女牟尼愿为其提供做灯之具。在牟尼的帮助下，圣友比丘每日燃灯供养宝髻佛，他发愿未来宏济众生并得到了佛的授记："汝于来世阿僧祇劫，当得作佛，名曰定光。"同时王女牟尼也得到了授记："汝于来世二阿僧祇九十一劫，当得作佛，名释迦牟尼。"（图 148）

叠涩面上绘卷草纹、忍冬纹、圆圈纹。

主室南壁大部分塌毁，中部开门，门道上方半圆端面绘"弥勒兜率天宫说法图"。

后室各壁壁画脱落。北壁下方留有涅槃台，台面残失。后室东、西端壁岩体损毁，地坪上有预留的像台，表面涂有石膏层。后室南壁下方正中开一龛，龛内有一身坐佛像的石胎。

◎不可错过：主室券顶飞天

主室券顶中脊现存九身飞天，是克孜尔壁画中别具一格的一组飞天，它替代了以往中脊所绘的"天相图"。这些飞天有的拨动琵琶、有的手托莲花、有的弹奏箜篌、有的迎风

图 148 克孜尔石窟第 196 窟主室券顶，“圣女牟尼燃灯供养”

图 149　克孜尔石窟第 196 窟主室券顶飞天

疾驰、有的怀抱阮咸、有的悠然而来……透着强烈的飞动的感觉，给人一种虚幻的热烈的歌舞场面（图 149）。传说飞天是乾闼婆、紧那罗夫妻的化身，乾闼婆的任务是在佛国里散发香气，为佛献花、供宝，栖身于花丛中，飞翔于天空；而紧那罗的任务是在佛国里奏乐、歌舞，但不能飞翔于云霄。后来，出于好奇，散花天子乾闼婆抱起各种乐器在空中飞翔；歌舞神紧那罗却冲出天空围栏飞翔于天空。就这样，他们俩从此职能不分、相互融合，男女不分合为一体。

图 150　克孜尔石窟第 205 窟内景

第 205 窟

约建于公元 6 世纪，纵券顶中心柱窟（图 150）。

前室仅北壁保存较好。窟门两侧各开一拱券顶龛。

主室地坪上的石膏涂层大部分残失，紧贴墙根处涂赭石色带。中部有方形围栏遗迹。主室北壁中部开一拱券顶龛。东、西壁各绘两栏因缘佛传。

南壁中部是门道。门道外东侧壁下部绘龟兹国王托提卡和王后及两身比丘，西侧壁下部绘龟兹王子供养像，上述壁画被揭取。门道上方半圆端面绘“弥勒菩萨兜率天宫说法”。

主室券顶中脊绘须摩提女请佛，壁画大部分被揭取。中脊两侧各绘一列菱格本生故事，两侧券腹各绘菱格因缘。现存的可识别的本生故事有“菩萨行慈不怖众生”。可识别的因缘故事有“罗云为佛洗足”“蛤天人闻法升天”“净居天洗佛”“童子道人舍身饲虎”“佛度恶牛”。

童子道人舍身饲虎

婆罗门家中出生了一个童子，相貌端庄，讨人喜爱。童子长大后，追随两位道人一起修行。一天，童子和两位道人外出巡游。途中，他们看见一只生产的老虎，饥饿难当，正要食子。当他们出现在老虎面前时，老虎猛地扑向两位道人。一人畏惧得飞入空中，另一人则吓得哀哭不已。童子见道人可怜，即用利刃在身上连刺七刀，先以血饲虎，后又以身饲虎，挽救了道人和老虎的生命。这个童子是释迦牟尼的前世（图 151）。

东甬道西壁绘“八王争分舍利”，西甬道东壁绘“阿阇世王闻佛涅槃闷绝复苏”。券顶绘几何图案。

北甬道北壁绘“佛涅槃”，南壁绘“焚棺”。券顶绘几何图案。

图 151 克孜尔石窟第 205 窟主室券顶“童子道人舍身饲虎”

◎不可错过：主室南壁“龟兹国王托提卡及王后供养像”

此幅壁画是保存较好的国王供养像。国王前为两身引荐僧。佛身后的王后服饰华美，短发垂项，头戴绒帽，两侧有缎带。王后上身内穿紧身、窄袖、条纹衣衫，外搭翻领、半臂、短身锦袍，颈挂璎珞；下身穿长裙，上绘繁复的花纹（图152）。

◎不可错过：西甬道东壁“阿阇世王闻佛涅槃闷绝复苏”

古印度王舍城的国王阿阇世王皈依了佛法，成了佛的俗家弟子。当佛涅槃那天，阿阇世王梦见须弥山倒塌、日月颠倒等五种不祥的事。佛的大弟子迦叶恐怕阿阇世王乍听到噩耗，会经受不住而呕血而死，就把他身边的亲信大臣行雨找来，预备了几个供急救用的装满生酥和牛头旃檀香水的澡罐，然后把国王请到了花园中。阿阇世王在园中看到了一幅行雨为他展示的“四相图”，上面画着释迦牟尼出生、降魔成道、初转法轮、涅槃等情节，向他暗示佛一生必然要走过的道路。阿阇世王猛然醒悟：佛已经涅槃了！他号哭了几声，便昏厥了过去。大臣们急忙把他放进生酥罐中，才渐渐苏醒（图153）。

图 152 克孜尔石窟第 205 窟主室南壁“龟兹国王托提卡及王后供养像”

图 153　克孜尔石窟第 205 窟西甬道东壁“阿阇世王闻佛涅槃闷绝复苏”

◎不可错过：北甬道南壁“焚棺图”

这是克孜尔石窟中目前保存最好的焚棺图。图中棺下摆放的牛头旃檀木正在燃烧，而棺盖上也是熊熊火焰。棺前，阿难双手托起棺盖者，依依不舍凝望侧卧于棺中的佛。他上方有两身供养的天人。一天人在托盘散花，后面一天人合十供养。阿难的下方跪着一身表情悲痛的天人。棺后有三身弟子，一身跪姿，两身立姿，表情凝重。他们的上方有一身天

图 154 克孜尔石窟第 205 窟后甬道南壁“焚棺图”

子，举璎珞正在供养。整个场景庄严肃穆（图 154）。

第 212 窟

长方形纵券顶窟，开凿年代为公元 5 世纪（图 155）。

主室东、西壁下部壁面约间隔 2 米绘一身禅定比丘，比丘之间的长条带以忍冬纹为边栏。中部绘较宽的卷草纹饰带，有些卷草纹中间间隔地绘有比丘头像和骷髅头。东壁上部绘长卷式“亿耳本生故事”，西壁上部绘长卷式“弥兰本生故事”。

图 155　克孜尔石窟第 212 窟内景

龟兹地区流行“说一切有部”，该部派属于小乘部派，非常强调禅观。本窟即为一个用于禅观的洞窟。禅观的“禅”是指集中意识后获得的心理平衡和稳定的状态。“观”是“观想”，指禅的状态下以智慧专心一致观察念想佛或法等特定之对象，而达到证悟目的。佛教禅观的方法很多，其中重要的一种为白骨观。其观想对象是死尸的筋断骨离、形骸分散、白骨狼藉不净之状，目的是明白世间万物无常的道理，从而消除贪欲和执著。

主室券顶壁面残存菱格山峦和禅定比丘。

◎不可错过：主室东壁“亿耳本生”（流失海外）

壁画所在的洞窟为平面呈长方形的纵券顶窟，进深11米。两侧壁绘有本生故事画，长卷式连环画的形式。这是绘于东壁的“亿耳遇饿鬼本生”（图156）。《十诵律》卷二十五说：商主亿耳与众商人一起入海采宝。归途中，亿耳走失，后经历种种磨难，深感人生无常，便出家修道。画面描绘的是亿耳与众人一起出海经商亲眼所见种种善恶报应的场景，这些场景有的发生在大海上，有的发生在城中，有的发生在野外。

◎不可错过：主室西壁“弥兰本生”（流失海外）

这个故事绘于第212窟主室西壁。《经律异相》卷四十三说：因弥兰（莲）在家时“未奉三尊”，蹈母之首，且不听母亲劝阻而出海，结果在铁城受“烧铁轮走弥兰头上”的报应。画面也为横列连环画形式，各情节间没有分隔。画面从北向南展开，依次描绘了弥兰与商人“商议出海”“海中遇险”“银城享乐”“铁城受罚”的情节（图157～图159）。

壁画北端的画面中绘弥兰夫妇及其母亲，还有两位老者，表现了弥兰下海之前，同其他商人与父母商议，恳求下海的场面。画面右侧绘了有跪有站的六6个人，表现弥兰母亲恳求他

图 156　克孜尔石窟第 212 窟主室西壁“亿耳遇饿鬼”本生故事画（上图自上而下排列为南部至北部）

图 157　克孜尔石窟第 212 窟主室西壁“弥兰本生”（上图自上而下排列为南部至北部）

图 158　克孜尔石窟第 212 窟主室西壁“商议出海”（北部）

图 159　克孜尔石窟第 212 窟主室西壁“海中遇险”（中部）

不要出海。

上幅画面的南侧是红色海岸围成的绿色大海,岸外有山,海中有人抱板游水。描绘的是弥兰与商人所乘之船撞上了大的摩竭鱼，船被撞毁，弥兰趴在一块木板上得免一死。画面的右侧站立着五人，其中有四女面向一男子，描绘的是弥兰漂流上岸后走到一个名叫银城的城外，有四个美女迎接他到城内去。画中可看到银城城门，四美女捧着鲜花和水果笑着朝向弥兰。

再向南是弥兰本生故事的最后两个场面。左侧描绘的是弥兰在银城中沉迷纵欲的生活。图中弥兰被四个美女环绕，其中一美女舞蹈，一美女弹奏箜篌，另一美女依在弥兰肩上。右侧描绘的是铁城内的情景。弥兰看见铁轮在鬼头上滚动，然后恶鬼把铁轮放在弥兰头上，弥兰遭受了脑裂身焦的惩罚。弥兰之所以落到这种地步，是因果报应所致；因为弥兰下海寻宝时，父母都不同意，他为此曾脚踢其母的头。

第 224 窟

约建于公元 6 世纪，纵券顶中心柱窟（图 160）。

前室北壁开门进主室，窟门外两侧壁面绘几排供养人及

图 160　克孜尔石窟第 224 窟内景

色带、纹饰带等。东、西壁绘坐佛及护法天众，南壁残存龙王画像。平顶，绘 6 条条幅，条幅内绘莲花和莲蕾。

主室北壁中部开一拱券顶龛。

东西壁绘两栏因缘佛传，每栏四铺，上下有栏界。可识别的有“初转法轮”“迦叶皈依”等。

南壁中部是门道，门道外壁面绘因缘佛传。门道上方半圆端面绘“弥勒菩萨兜率天宫说法”，壁画被揭取。

主室券顶中脊绘“须摩提女请佛缘”。两侧券腹各绘菱格因缘和本生故事，每列七八幅不等。可识别的因缘故事有

“鼓声因缘”“六种众生”“醉象刺佛”“贫女难陀以灯供养”“众魔怖佛”“贫人以布供养”“船师渡佛过河”“盲龟浮木”“无恼指鬘”“水流大树喻”“猿猴被胶”“提婆达多砸佛”“净居天洗佛”“蛤天人闻法升天”等。可识别的本生故事有“狮王舍身不失信”“鸽焚身施迷路人”“菩萨行慈不怖众生”“相猕猴鵽鸟自分长幼”等。

1. 须摩提女请佛缘

《增壹阿含经》卷二十二记载，信佛的须摩提女嫁给了事外道的大富豪满财长者的儿子，乞求佛至其夫家接受供养。佛为了要度化须摩提女事外道的夫家，就和大弟子们展现神通飞行及变化种种神通力前往赴约，而使事外道的夫家立即改信佛教。原壁画可能有 13 个画面，现存 10 个画面，故事开头不完整，缺须摩提女焚香请佛。中间两个画面残破，结尾处可能有两个画面全被破坏了。

这些画面用连环画的形式重点表现了佛及其弟子各展神通前往须摩提女家的情形（图 161）。

2. 鼓声因缘

佛在无数劫前，曾是一个在当地小有名气的鼓手，有着美满幸福的家庭，并有一个聪明伶俐的儿子。

有一次，他带领儿子去参加集会，并为那些唱歌跳舞的

图 161　克孜尔石窟第 224 窟主室券顶中脊“须摩提女请佛缘”

人助兴，很受欢迎，挣了一些钱，他和儿子玩得都很高兴。在回家的路上，儿子兴高采烈，不停地击鼓。路经一强盗村时，他让儿子不要乱敲，以免惊动了强盗。儿子不听劝告，一个劲地击鼓。强盗从鼓声中辨出不是官府来人，便把父子俩打翻在地，洗劫一空（图 162）。

东、西甬道两壁绘佛传故事，可识别的有“阿阇世王闻佛涅槃闷绝复苏”“第一次结集”和“八王争分舍利”。券顶绘菱格山峦。

图 162 / 克孜尔石窟第 224 窟主室券顶“鼓声因缘”

后室北壁塑绘结合表现涅槃。东端壁绘善爱乾闼婆王及眷属。南壁绘“焚棺”。券顶绘举哀弟子及天人等。

◎不可错过：主室券顶因缘故事

画面中，一只初生不久的小鹿在母鹿的腹下吃奶，母鹿转回前身来舔小鹿的胎毛。大、小鹿被画出相同的柔驯性格，但因它们是母子，便在神态上又有了区别。小鹿是那么稚气，又有些近于淘气，令人感到对幼小生命的喜爱。母鹿却是那么慈祥，充满了圣洁的母爱。它的回头的姿势，不仅使整个构图显得和谐，打破了画面的呆滞，并且将母子之爱的气氛像一首美好的诗一样感染给观者，既有生命又有感情（图163）。

◎不可错过：东甬道东壁“第一次结集”

克孜尔石窟第224窟“第一次结集”是这个题材在龟兹地区最完整的图像。此图内容可分两部分，左面图像包括大迦叶与二比丘身体腾空，疾速而来，表示他们正火速从波婆国赶来。其下是大迦叶居上，一手指跪地的阿难，右面绘阿难伏地叩首。左面图像绘阿难坐于高座上，手结说法印。其两侧各有三身比丘在听法。左面图像表现的是第一次结集过

图 163　克孜尔石窟第 224 窟主室券顶因缘故事

图 164　克孜尔石窟第 224 窟东甬道东壁“第一次结集”

程中，大迦叶与阿难的一段纠葛争执，而右面图像表现阿难诵经的场景（图 164）。

◎不可错过：后室南壁“焚棺”

本幅焚棺壁画分为上部举哀和下部焚棺两个内容。上部的举哀场面中绘十一身举哀人物像。在这十一人中，有两人

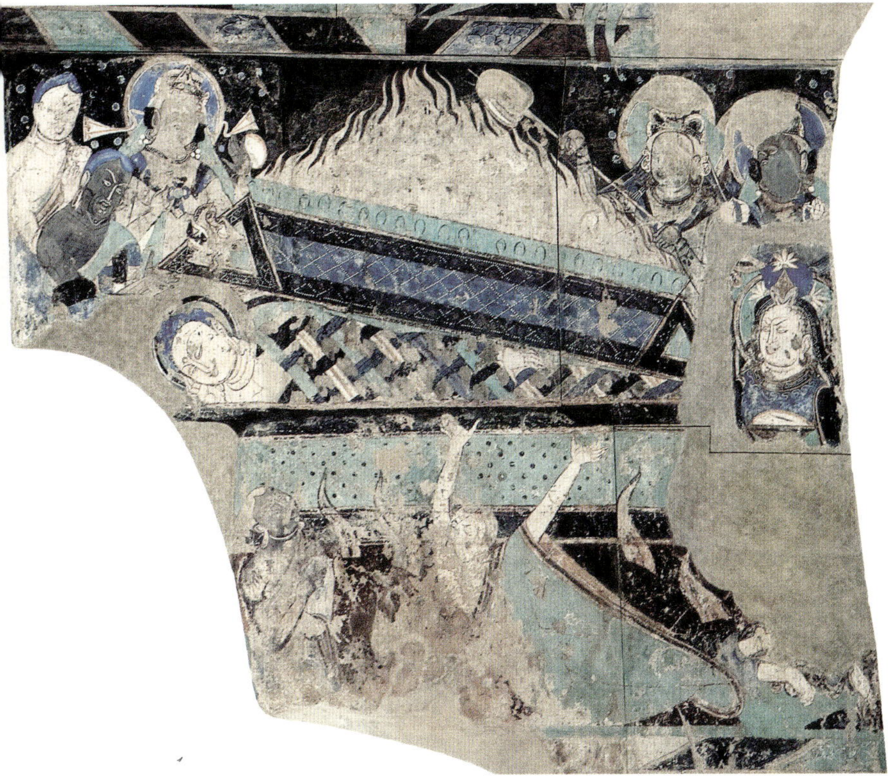

图 165　克孜尔石窟第 224 窟后室南壁“焚棺”

身着俗装，明显不同于举哀的天人。他们均手持小刀作剺面状。这两人的行为带有自残性质，不是佛教的葬礼，而是当时我国北方游牧民族流行的丧葬习俗。结合本窟的年代，它当是突厥人的丧葬习俗。这可以看作是佛教在传播过程中本地化的表现（图 165）。

第 229 窟

长方形纵券顶窟，开凿年代为公元8世纪左右（图166）。

主室北壁下部绘一列立佛和菩萨。中上部绘四栏因缘故事，上下有栏界。上部绘一列六身小坐佛。背景中绘莲蕾、雨花和宝珠。

东、西壁中上部至券顶各绘八栏因缘故事，每栏六至八铺，上下有栏界。下部绘一列立佛和菩萨，其下部绘一列红色带。背景中绘莲蕾、雨花和宝珠。

图 166　克孜尔石窟第 229 窟主室北壁

图 167　克孜尔石窟第 229 窟窟顶立佛及云气纹

南壁中部是门道。门道上方绘门楣，门楣内绘莲花。门楣西侧绘一身飞行比丘。上部绘一列六身小坐佛和一栏因缘故事。

不可错过：主室券顶中脊

券顶中脊绘立佛、坐佛和供养天人等（图 167）。

立佛的上下均有坐佛，坐佛两侧有供养天人。下方坐佛头顶还有汉式云气纹、莲花和华盖等。立佛身材修长，衣服宽大。